全民医保下中国
农村居民医疗负担研究

Research on The Medical Burden of Rural Residents in China Under
The Universal Medical Insurance

李粉 ◎ 著

中国发展出版社
CHINA DEVELOPMENT PRESS

图书在版编目（CIP）数据

全民医保下中国农村居民医疗负担研究 / 李粉著
. —北京：中国发展出版社，2023.10
　ISBN 978-7-5177-1394-4

　Ⅰ.①全…　Ⅱ.①李…　Ⅲ.①农村—医疗保险—研究
—中国　Ⅳ.①F842.684

中国国家版本馆 CIP 数据核字（2023）第 209143 号

书　　　　名：全民医保下中国农村居民医疗负担研究
著作责任者：李　粉
责 任 编 辑：吴　佳　耿瑞蝶
出 版 发 行：中国发展出版社
联 系 地 址：北京经济技术开发区荣华中路 22 号亦城财富中心 1 号楼 8 层（100176）
标 准 书 号：ISBN 978-7-5177-1394-4
经 销 者：各地新华书店
印 刷 者：北京博海升彩色印刷有限公司
开　　　本：710mm×1000mm　1/16
印　　　张：11.5
字　　　数：180 千字
版　　　次：2023 年 10 月第 1 版
印　　　次：2023 年 10 月第 1 次印刷
定　　　价：48.00 元

联 系 电 话：（010）68990625　68360970
购 书 热 线：（010）68990682　68990686
网 络 订 购：http://zgfzcbs.tmall.com
网 购 电 话：（010）88333349　68990639
本 社 网 址：http://www.develpress.com
电 子 邮 件：15210957065@163.com

前　言

因巨额医疗支出导致的沉重负担甚至贫困是全球共同面临的问题，政府有责任为国民特别是低收入群体提供必要的医疗保障，以保证其在获取基本医疗服务时不会遭受经济困难。医疗保险被认为是解决国民医疗负担的有效途径，自德国率先建立社会医疗保险制度后，大多数国家均通过政府参与筹资的形式建立本国的基本医疗保险制度。然而，并非所有国家的基本医疗保险都实现了降低居民医疗负担的初衷，参保人医疗需求的变化以及一国的医疗生态环境是重要的影响因素。

我国基本医疗保险改革从 1997 年开始，2003 年后加速推进，逐渐覆盖农村居民和城镇非正式就业人员。目前，我国已建立起世界上最大的医疗保障网，基本医疗保险参保率稳定在 95%，惠及 13.5 亿人。在扩面的同时，保障水平不断提高，2003 年农村地区人均筹资标准为 30 元，2022 年已增至 960 元[①]，政策范围内住院费用基金支付比例达 80% 左右。看病就医更加便捷化，基本医疗保险跨省直接结算在全面实现住院覆盖的基础上，正在向普通门诊费用覆盖。据相关要求，截至 2025 年，住院费用跨省直接结算率提高到 70% 以上，普通门诊跨省联网定点医药机构数量实现翻一番。2023 年 2 月，中共中央办公厅、国务院办公厅印发《关于进一步深化改革促进乡村卫生体系健康发展的意见》，要求持续健全基本医保、大病保险、医疗救助三重制度综合保障机制。

受益于医疗保障制度，我国居民医疗需求得到了更好的满足，有医生诊断需住院而未住院的比例及因经济困难未住院的比例大幅度下降[②]，预

[①] 国家医保局、财政部、国家税务总局：《国家医保局 财政部 国家税务总局关于做好 2022 年城乡居民基本医疗保障工作的通知》。

[②] 国家卫生计生委统计信息中心：《2013 第五次国家卫生服务调查分析报告》，中国协和医科大学出版社，2013。

防性医疗服务和治疗性医疗服务的利用率均明显增加，居民自评健康水平不断提高。随着医保的普及，居民用于应对未来不确定性的预防性储蓄减少，消费逐渐增加，农村居民也增加了电视、冰箱等耐用品的消费。

中国普及基本医疗保险，实现人人享有基本医疗服务的努力及成就世界瞩目。2016 年中国政府被国际社会保障协会（ISSA）授予社会保障杰出成就奖；全球著名医学杂志《柳叶刀》2017 年 5 月发布的报告称，中国在医疗事业发展方面，是全球进步最大的 5 个国家之一；世界卫生组织、世界银行也认为，中国在实现全民健康覆盖方面发展迅速，基本医疗卫生服务可及性更加均衡，改革成就令世人瞩目。尽管我国普及基本医疗保险成绩斐然，但针对不同群体的医疗保险制度不仅在筹资标准、管理部门等方面存在不同，待遇水平也有差异。其中，针对农村居民的新型农村合作医疗（简称新农合）筹资标准和待遇水平不仅低于城镇居民基本医疗保险（简称城居保），更低于城镇职工基本医疗保险（简称城职保）。新农合在降低居民医疗负担方面的作用不仅弱于其他医保，其本身的作用也较为有限，看病就医成为引起社会关注的重要民生问题之一。

为切实解决"看病贵"问题，自 2009 年开始，各级政府加大了对医疗卫生的投入力度。据《2021 年我国卫生健康事业发展统计公报》，2021 年，个人卫生支出占卫生总费用的比重降至 27.7%，已达到世界卫生组织倡导的全民健康覆盖目标。但是，政府投入的增加并没有改变医疗费用攀升的事实，2019—2021 年，医院次均门诊费用分别为 290.8 元、324.4 元、329.2 元，人均住院费用分别为 9848.4 元、10619.2 元、11002.9 元。居民特别是农村居民实际医疗负担（医疗保健支出占消费性支出的比重）仍在上升，2018 年后超过 10%。笔者 2017 年 9 月在江苏、湖南和云南的调研发现，三省平均农民自付医疗费用[①]占家庭年收入的比例为 12%，云南省高达 15%。自 2012 年开始，新农合住院费用政策范围内的报销比例已提

---

① 自付医疗费用为全年医疗总费用中的自付部分，没有区分门诊、住院、非处方购药。

高到 75%，但是到 2016 年，农村居民次均住院实际报销比例只有 50% 左右，部分大病患者的实际报销比例只有 20%~30%。

全民医保的实现及筹资规模不断增加并未有效降低农村居民的医疗负担，表面来看是医保筹资水平低、保障能力不足，实质是碎片化的医疗保险体系导致效率低，过小的基金池无法有效分散风险。党的十九大报告指出，中国特色社会主义进入新时代，我国社会主要矛盾已经转化为人民日益增长的美好生活需要和不平衡不充分的发展之间的矛盾。这种矛盾在医疗卫生领域表现为人民群众日益增长的对质优价廉的医疗服务的需求和医疗保障布局不平衡、医疗资源利用不充分之间的矛盾。因此，改革碎片化的医疗保险体系，实现医疗保险待遇的均衡化进而实现健康的公平化是医保全民覆盖后我国基本医疗保险体系最迫切的改革需求。

国家层面的医疗保险体系去碎片化改革率先从整合城乡居民医保开始。2016 年 1 月国务院发布《国务院关于整合城乡居民基本医疗保险制度的意见》，要求整合城镇居民基本医疗保险和新型农村合作医疗两项制度，建立统一的城乡居民基本医疗保险制度。与新农合相比，整合后的城乡居民基本医疗保险将统筹层次由县级提升至市级，医保待遇也相应提高。如北京农村居民在 2017 年前一、二、三级医院住院报销比例分别为 70%、65%、55%，"两保"整合后报销比例分别提升至 80%、78%、75%，住院封顶线由 18 万元提升至 20 万元。"两保"整合后农村居民医疗负担发生了怎样的变化，需要有一个系统完整的评价。目前关于"两保"整合的研究更多聚焦于诸如老年人等特定人口，多从消费、健康、服务利用等角度予以评价。

另外，关于我国农村医疗保险的研究虽然较多，但存在 4 个方面的不足。

一是所用数据集中在 2009 年之前。此阶段农村地区的基本医疗保险制度为新农合，其实施采取先试点后逐步推开的方式，因此各地开展时间不同，且总体实施时间相对较短。由于医疗保险实施前农民医疗需求的压抑及实施后对政策的陌生，改革后短时间内的结果可能缺乏代表性。而且，此时新农合没有达到很高的覆盖率，在低覆盖率下考察医疗保险的效应会有偏误，其中因自愿参保而产生的逆向选择（即身体差的人选择参加保险，而身体好的人拒绝参保）会导致估计结果的下偏。为防止逆向选择，新农合以实行财政补贴保费的形式吸引农户参合，但由于新农合实施早期，政策宣传不到位，农民对政策的知晓度很低，造成只有能够主动获取更多信息的农民参保，而这些农民通常具有高教育水平，是高收入者，身体可能更健康，又导致估计结果的上偏。虽然大多数文献均用严格的计量方法控制自选择偏误，但有些不可观测的异质性在保险低覆盖率下很难消除。

二是大多数研究将医疗保险作为一个二值变量，考察医疗保险从无到有对农民医疗负担的影响。具体而言，如果将无医疗保险看作报销比例为0，那么过去的研究主要是保险报销比例从0变化到20%等比例的效果。由于医疗保险对医疗支出的影响可能并非线性关系，也就是说，报销比例从0变化到20%，与从30%变化到50%，可能产生截然不同的影响，所以以有无医疗保险作为控制指标仅仅反映了农村医疗保险的部分效果，尚不能代表当前报销比例逐年提高产生的影响。

三是现有对农村基本医疗保险制度考察的研究均采用均值分析法。由于医疗支出分布右偏，且样本中极值对结果的影响很大，均值分析法有一定缺陷。另外，2012年开始实施的城乡居民大病医疗保险对发生大病支出的农户在基本医疗保险的基础上给予二次报销，所以对于更高的治疗支出，农村医疗保险应该表现出更大的保护作用。鉴于以上原因，考察医疗保险对医疗负担不同分布上的影响更能全面考察医疗保险的效果。

四是新农合以县为统筹单位，地方政府对新农合的设计有充分的自主权，所以各地在保障范围、报销比例、起付线、封顶线等方面各有特点，各自产生的效果也不尽相同，即使以全样本为分析单位显示新农合加重了农民的医疗负担，但分地区考察后还是发现某些地区参保农民的医疗负担有所降低。因此，现有研究忽略了农村医疗保险的地区异质性。

本书在阐述医疗保险基本理论及其作用机制的基础上，系统总结了代表性发达国家和发展中国家基本医疗保险的减负效果，最后以城乡居民基本医疗保险整合并提高统筹层次这一自然实验，通过市级层面匹配消除政策的内生性后，借助北京大学中国健康与养老追踪调查（CHARLS）数据库，研究新的医疗保险形式下农村居民的医疗负担并探讨医疗保险的作用机制。

为更准确了解农村居民医疗负担现状，本文对"两保"整合代表地区农村居民进行了深度访谈，主要结论如下。

第一，"两保"整合有效降低了农村居民的医疗负担，特别是降低了住院负担，并且医疗花费越多，医保的保护作用越强。但是，老年人就医负担仍旧不容乐观。

第二，整合后的医保提高了农村居民的就医可及性，提高了居民对处方药和非处方药的购买便捷性。通过减少住院需求和寻求低层级医院就诊提高了医疗资源的使用效率。医保对医疗需求的影响恰恰是其降低农村居民医疗负担的重要途径。

第三，在农村医疗机构中，过度医疗与缺医少药并存，在一定程度上稀释了医保的作用。

第四，整合后的医疗保险并没有增加农村居民对预防性医疗服务的利用，同时，农村居民健康意识淡薄，尚未形成健康的生活方式，可能导致未来医疗负担的加重。

基于以上结论，笔者认为农村居民医疗负担的有效降低须同时深化医疗需求方和供给方的改革。具体为：第一，减少实际报销比例与政策范围内报销比例的差距，逐步实现城乡基本医保的有效整合；第二，减免农村老年人的医保个人缴费或提高其医保待遇或二者兼之，以有效降低农村老人的医疗负担；第三，与急性治疗相比，医疗卫生改革应将重点放在慢性病的预防和治疗上，尤其要提升农村居民的健康意识；第四，通过打破公立医院的行政垄断地位，实施预付制等改革解决过度医疗问题。

　　本书的数据及案例主要基于 2019 年之前的调查，结论及观点仅代表这一时期的情况。此后，随着国家医疗保障局集中管理以及"集采＋零加成"等改革不断推进，农村居民医疗负担也许会发生新的变化，期待更多研究成果的出现。

目　录

第一章　社会医疗保险制度的建立及实践效果……………………… **001**

第一节　社会医疗保险制度及其建立………………………………… 003

第二节　社会医疗保险对居民医疗负担的影响……………………… 023

第三节　小结…………………………………………………………… 034

第二章　影响医疗保险作用的因素…………………………………… **037**

第一节　医疗保险对需求方的激励…………………………………… 039

第二节　医疗供给方道德风险………………………………………… 047

第三节　影响医疗保险作用的其他因素……………………………… 059

第四节　小结…………………………………………………………… 063

第三章　城乡医保并轨对农村居民医疗负担的影响………………… **067**

第一节　引言…………………………………………………………… 068

第二节　数据来源与描述性统计……………………………………… 070

第三节　识别策略和模型设定………………………………………… 075

第四节　估计结果及分析……………………………………………… 083

第五节　小结…………………………………………………………… 095

第四章　城乡医保并轨对农村居民医疗需求的影响………………… **099**

第一节　引言 ……………………………………………………………… 100

第二节　数据来源与描述性统计 ………………………………………… 101

第三节　基本模型 ………………………………………………………… 106

第四节　结果 ……………………………………………………………… 112

第五节　小结 ……………………………………………………………… 127

第五章　农村居民医疗负担现状：基于问卷和访谈的结果……… **131**

第一节　基于江苏、湖南、云南三省的问卷调查分析 ………………… 132

第二节　基于山东省昌乐县的访谈分析 ………………………………… 140

第三节　小结 ……………………………………………………………… 149

第六章　结论和建议…………………………………………………… **151**

第一节　主要结论 ………………………………………………………… 152

第二节　政策建议 ………………………………………………………… 155

参考文献 …………………………………………………………… **163**

第一章 社会医疗保险制度的建立及实践效果

因巨额医疗支出导致的家庭财务风险甚至贫困是全球面临的共同问题，全球约有 1.5 亿人发生灾难性医疗支出，其中 1 亿人因病致贫（WHO，2010），即使是经济合作与发展组织（OECD）成员国如葡萄牙、西班牙、瑞士、美国等，其灾难性医疗支出的发生率也在 0.5% 以上，而中低收入国家的问题更为严重（Xu et al.，2007）。当市场机制不健全时，人们往往依赖非正规途径支付医疗费用（Gertler and Gruber，2002），比如借贷、变卖资产；穷人的手段可能更极端，如借高利贷、变卖有生产力的家产、让子女辍学，由此疾病与贫穷相伴相生，恶性循环。

各国在应对医疗负担的实践中，越来越清晰地认识到建立医疗保险制度的重要性（WHO，2000）。医疗保险不仅能够缓解疾病带来的经济损失（Arrow，1963），而且可以使那些原本没有能力就医的人获得所需的医疗服务（Nyman，1999a）。然而，世界上一半以上的人没有任何一种正式的医疗保障（WHO，2010）。医疗保障缺失的原因很多，一方面，过去很多政府认为他们没有责任为国民提供医疗保障，即使是提供医疗保障的国家，其覆盖人群也很少；另一方面，有关发展的早期理论认为，发展中国家尚不具备建立社会保障制度的经济基础，这一论断，成为许多发展中国家在普及医疗保险方面无所作为的理由。然而医疗服务市场有其特殊性，首先，具有信息不对称、外部性等特点，这些特点决定了仅仅依靠市场机制无法完成医疗服务的有效提供；其次，医疗保健关乎人的生命健康，其与食物、基本住所一样，被视为一种生存权利，它的消费不应该取决于个人的支付能力。所以，无论从效率还是公平的角度来看，政府都有责任保障国民获得必需的医疗服务。同时，世界各国的实践证明，国家的富裕程度并非决定政府提供医疗保障的先决条件。

社会医疗保险率先在欧洲兴起，第一次世界大战后，由欧洲传向世界各地。2007 年后，发达国家大都通过政府干预的形式实现了全民医保（白重恩等，2007）。即使是美国，在 2010 年奥巴马总统签署《患者保护与平价医疗法案》（*Patient Protection and Affordable Care Act*）成为法律后的几年中，也基本实现了全民医保。而在发展中国家仍有大量国民被排除在医疗保险范围之外（Banerjee and Duflo，2007）。但是，我们不能忽视发展中国家的努力，近年来，一些发展中国家在普及社会医疗保险，实现人人享有平等健康权这一目标的道路上取得了巨大成就，如中国、墨西哥、越南、哥伦比亚、菲律宾、泰国等国家均通过税收补助将无保险者纳入医疗保险范围，实现了全民医保。其中，中国的社会医疗保险特别是农村医疗保险以普及速度之快、覆盖人口之多，令人称道。

　　社会医疗保险的普及乃至全民覆盖，是否成功解决了国民的医疗负担，笔者通过对不同国家医疗保险研究的综述发现，医疗保险并未如人们预想的一样，成为解决医疗负担的利器。发达国家的实践效果相对较好，可能因为其保障的程度更高。而发展中国家受制于各种因素，医疗保险在不同国家表现出不同的作用，即使是一国之内的医疗保险，设计不同，覆盖人群不同，效果也不同。关于我国新农合的多数实证研究均认为其在降低农村居民医疗负担，防止因病致贫、因病返贫方面的作用极为有限。

第一节　社会医疗保险制度及其建立

一、医疗保障中政府的责任

（一）弥补医疗市场失灵

　　福利经济学第一定理指出，完全竞争市场的均衡是帕累托最优；第二定理指出，给定适当的初始禀赋，任何帕累托最优的结果在理论上都可通过竞争性市场实现。然而，医疗保健市场并非完全竞争市场，这就造成医疗资源配置的低效率，市场失灵为政府干预提供了基本的理由。

1. 存在垄断力量

医疗保健市场与其他卖方提供的产品和服务的垄断竞争市场有很多相同之处。一方面，医生之间提供的服务具有部分替代性；另一方面，医生的诊疗技术又具有明显的个体差异。如同样的手术，部分医生通过不断优化操作方式，可以将副作用降低到较低的水平。医生及医疗机构都尽力通过多种途径使自己的服务与众不同，因此医生及医疗机构往往会在某些专科领域形成一定的技术垄断力量。此外，受制于规模经济，每个地区只能支撑起为数不多的几家医疗机构的运转，所以在一定区域内，这些医疗机构就具有垄断力量，而当这些地区因地理位置处于隔离状态（如大山里的乡镇）或获取信息成本较高时，医疗机构的垄断力量更强大。

医疗保健市场的垄断还缘于进入障碍。主要表现为医生的数量除了受到医学院数量及招生规模的限制，还受到执业许可限制。医疗机构的进入受到严格的审批制度限制。市场经济中存在准入限制的行业不在少数，医生及医疗机构的准入之所以更严格，一是因为其提供的服务的特殊性，服务质量的好坏直接关系患者的健康甚至生命，执业许可一定程度上可以保障质量，减少治疗结果的不确定性；二是因为医疗市场存在严重的信息不对称，执业许可可以减少患者搜寻有用信息的成本。

医疗服务需求缺乏价格弹性也增加了医生及医疗机构的垄断力量。由于医疗保健事关个体的生命健康，机体一旦病变，通常很难自愈，必须通过治疗，疾病的这种特性导致患者对医疗服务的需求缺乏价格弹性，即使医疗服务价格上升也不会减少对其的需求。

垄断供给者面临一条斜向下的需求曲线，在均衡处，价格高于边际成本，就有一部分支付意愿高于医疗服务边际成本但低于供给价格的消费者无法得到必需的医疗服务。为获取超额利润，具有垄断力量的医生或医院常常通过差别定价[①]的方法对不同支付意愿的消费者收取不同的价格。这

---

① 对支付意愿高的消费者收取高价格，对支付意愿低的消费者收取低价格。

种差别定价虽然在一定程度上增加了患者的可及性，但其收取的最低价格仍旧在边际成本之上，造成社会福利的损失。

2. 存在信息不对称

医疗服务具有典型信任品特征，患者在使用前无法根据自身需要确定医疗服务的数量及鉴别医疗服务的质量，而疾病及患者的异质性又使得患者很难通过他人经验获得治疗方面的有用信息，对于严重的疾病，他人的经验更不具有参考性。即使使用了医疗服务，患者仍旧无法确定医生提供的服务数量和种类是否合适，这样就导致患者很难做出选择。医生比患者拥有更多医学知识，在治疗方式的选择及治疗结果方面具有信息优势，患者不得不将选择权交给医生，由此产生了委托—代理关系。医生一方面作为患者的代理人，另一方面作为医疗服务的供给者，这样就造成了患者和医生的利益冲突，出于自身利益考虑，医生可能违反代理人的角色，利用信息优势诱导患者消费过多的医疗服务，卫生经济学称之为供给诱导需求。信息不对称为"不完美代理人"提供了可能，医生是否有能力诱导患者的需求还取决于医疗服务市场的结构，当医生具有垄断地位或信息披露机制不健全时，供给诱导需求就有了实现的空间，最终导致供需双方的契约失灵。市场自发的机制可以部分解决医患间信息不对称问题，如许可证、行医执照、认证、医疗事故诉讼的威胁、医患关系等，同时掌握充分信息的消费者也可以发挥积极作用（富兰德，2011），但是无论市场机制多么完善，仍旧无法根本解决信息不对称导致的市场失灵。

医疗保健市场的另一种信息不对称存在于保险公司和投保人之间。一方面，在任何情况下，投保人都比保险公司更了解自身的健康状况，在自愿购买医疗保险时，身体更差的人更倾向于购买保险或者更倾向于制订更慷慨的保险计划，这样，逆向选择问题就出现了。逆向选择与"柠檬市场"则迫使保险公司不断增加保费，将低风险者逐渐驱逐出市场，最终使一个本来可为某些健康风险承保的医疗保险计划无法存在。即使在医疗保险继续存在的非极端情况下，逆向选择也会造成经济上的低效率。假设健康风险程度不同的投保人被要求缴纳相同的保费，低风险者会因为面临一个不利的价格而投保不足，高风险者会因为面对一个有利的价格而过度投保。另外，一旦人们购买了医疗保险，就会因为不需要支付全部费用而过度利用医疗资源，发生"事后道德风险"，同时会更不注意疾病的预防，发生"事前道德风险"。医疗保险促进医疗消费，医疗需求增加助推医疗价格提升，高价格又刺激患者购买更多的医疗保险。如此，保险需求和医疗服务价格相互作用，形成了一个螺旋上升的循环过程，最终推高保费（Feldstein，1973），导致资源的非最优配置。这两种类型的道德风险要求保险公司支付较高的监督成本，因此使得一些类型的医疗保险在现实中不可能存在（Arrow，1963；Pauly，1968）。

由于信息不对称，选择问题也存在于承保方。为了规避风险，实现利润最大化，保险公司会出现"撇奶油"或"摘樱桃"行为，即设法挑选健康投保人，将高风险人群淘汰出局，而高风险人群恰恰是最需要医疗保险的群体，而且，保险公司拒绝为消费者已经存在的健康问题承保。除了保险方，医生和医院及其他医疗服务供给方也存在"撇奶油"行为，如果相应的激励（如给医生的给付采用总额预付制）诱导他们更喜欢病情轻的患者，那么他们会设法拒绝重症患者。无论是承保人的选择行为还是医疗服务供给方的选择行为，在自由市场机制下，许多消费者，特别是医疗需求高的弱势群体将得不到基本的医疗保障。

3. 外部性较为普遍

从竞用性和排他性的角度分析，医疗服务既不是纯公共物品也不是准公共物品，而属于私人物品的范围。但是，个人的医疗保健有着普遍的外部性。最常见的一种外部性为传染性疾病的免疫接种，免疫接种除了保护自己不生病外，还防止将疾病传染给他人，因此接种的私人受益要小于社会受益，在市场机制下，实际接种量小于社会最优接种量。从效率的角度看，社会可以通过对接种者给予补贴或者对拒绝接种者采用惩罚的方式弥补市场失灵，使接种量接近社会需求的最优水平。

　　免疫接种只是医疗保健外部性的一个特殊例子，更为一般的外部性，包括妇幼保健、计划生育、对突发重大传染病的控制、健康教育等，此类被称为纯公共产品的公共卫生服务可以无差别地使大众人群受益，因此每个人都想"搭便车"，使得公共卫生服务无法通过私人提供。此外，医疗卫生领域的外部性还包括人们对他人健康的关注，如慈善捐款，包括对患者、医院、医学教育机构等的捐赠，这种捐赠产生了社会和谐的正外部性，与免疫接种的原理一样，这种外部性使市场均衡产出低于有效产出。

（二）促进医疗保健公平

　　医疗市场的以上特征说明该市场存在资源配置的低效率，市场失灵为政府干预提供了理由。但是，即使医疗市场是帕累托最优，政府的干预还存在更深层次的理由，即促进社会医疗保健的公平性。

　　完全市场机制下，总会有部分人的医疗需求得不到满足，医疗保健与其他普通商品不同，其需求与生命健康息息相关。健康是维持生命活动的基本能力，是从事一切经济活动的基础，是幸福的重要组成部分，具有深刻的内在价值，对个人的重要性不言而喻。健康又具有强大的工具性价值，表现为对社会发展的促进（如提高劳动生产率、扩大经济参与）和对政府依赖的减少（健康的人收入更多，不需要社会救济等）。医疗保健作为获得健康的一种主要方式[①]，与健康一样，被认为是一种权利，甚至属于生存权的范畴。在社会再分配领域，与食物、基本住所、司法援助不公平一样，医疗保健可及性的不公平更不为人们所容忍，因为同样数量的医疗消费，对一些人来说可能微不足道，而对另一些人的健康可能产生至关重要的影响（Tobin，1970）。在西方国家流行的一种观点认为，人人应该享有医疗保健，至少是一定量的最低保障水平（斯蒂格利茨，1999）。社会主义国家政府的责任之一也是保证每一个公民获得基本的医疗保健权利

---

① 其他决定健康的因素包括：遗传因素、环境、个人行为等。

（科尔奈、翁笙和，2003）。这也成为世界卫生组织在世界各国不遗余力地倡导"2000年人人享有卫生保健"目标的原因之一。

在完全市场机制下，公平的医疗保健无法实现。平均主义为医疗保健的分配提供了好的建议，即获得医疗保健是每个公民的权利，不应受到个人收入和财富的影响。人道主义的原则也指出，一个人道的社会应该提供一定的物品，诸如食品、住所、医疗给那些真正需要帮助的穷人。所以在卫生保健分配中，政府应承担起相应的责任，为国民至少是弱势群体提供必要的医疗服务。实践中多数国家将医疗保健公平作为卫生领域重要的政策目标之一，它的重要性有时要高于效率。

除效率和公平外，政府干预医疗卫生市场的理由还包括促进有益物品（Merit Goods）的消费，对个人有利而不考虑其偏好性的商品被认为是有益物品。现实中人们往往不能对自己的福利做出准确的判断，即使是完全获得信息的消费者也可能犯错，例如人人都知道教育投入能获得人力资本回报，但仍旧有大量父母剥夺儿童受教育的权利。从社会利益的角度出发，政府应该对这种情况实施干预，如通过立法或免费提供的方式促进教育消费。同教育一样，医疗保健被认为是一种有益物品，有时个人并不能清楚地知道医疗保健所带来的回报，从社会整体的角度出发，政府应该强制该类物品的消费，增加整个社会的利益（富兰德等，2011）。

二、社会医疗保险制度的特征及价值

由于医疗保健市场的失灵以及医疗保健和健康的公平性要求，各国政府均对医疗卫生领域进行干预，只是干预程度不同，如美国政府的干预程度较小，英国政府则是医疗服务的提供主体。干预的手段主要包括管制、税收优惠、补贴等，主要集中在医疗服务的提供和医疗服务的融资两方面。就各国实践来看，政府并不一定直接提供医疗服务，但几乎所有国家的政府都会参与医疗融资。

按医疗费用的筹资来分，世界各国医疗卫生保障模式大体划分为4种。

公费医疗。通常依赖政府，以税收方式筹集资金，免费向国民提供医疗卫生服务，受益人为全民或为部分特殊群体。英国是公费医疗的典型代表，英国国家医疗服务体系（NHS）面向全体国民，因此公费医疗模式又称为"英国模式"。加拿大、澳大利亚的全民健康保险也可视为公费医疗的一种，其资金来源虽为面向个人征收的法定医保缴费，但其实质为个人收入所得税，与英国的差别是加拿大、澳大利亚的全民健康保险是基于事前确定的特定税收，NHS基于一般公共预算。美国针对退伍军人和少数民族提供的医疗保障、我国计划经济体制下的公费医疗（覆盖机关事业单位工作人员和大专院校学生）和劳保医疗（覆盖各类国有企业员工）也属于这一类。

社会医疗保险。通常采用立法强制实施，凡参保人员都要缴纳保费。保费的收缴有税收、雇主和雇员共同分担、个人单独缴纳等多种形式。对于特殊困难人群，国家通常会给予适当补贴。保费的征集和管理通常由社会经办的非营利性医疗保险机构承担，不同的医保机构可能具有不同的筹资规则和给付结构，所以受益人在不同医疗保险间的付出和受益可能大不相同。和公费医疗一样，社会医疗保险是目前被采用最多的医疗卫生保障模式之一，德国、日本、韩国、菲律宾、墨西哥等大多数国家都属于这一类型，其中德国是社会医疗保险制度的发源地，因此该模式也被称为"德国模式"。

强制健康储蓄。通过立法，强制雇主和雇员按工资收入的一定比例缴纳医疗储蓄基金，以雇员的名义建立医疗储蓄账户，用于支付日后所需的医疗费用。典型代表国家为新加坡，因此，该模式又被称为"新加坡模式"。我国城镇职工基本医疗保险的个人账户也属于此类。这种保障模式的实质为自我保障，不具有社会共济性。

国家通过税收优惠引导国民参加非强制性的私人医疗保险。典型代表是美国，美国是发达国家中唯一没有实现全民医保的国家，原因之一是其将私人医疗保险作为医疗保障体系的主干。除了65岁以上老年人和贫困人口外，绝大部分美国人的医疗保险由雇主提供，但政府在中间也并非毫无作为，其通过减免医疗保险费个人所得税激励雇主为雇员提供医疗保险。

虽然世界各国的医疗卫生保障模式分为以上 4 种，但是在现实中，一国并非只有一种模式，而是以某种模式作为主干，同时补充其他保障方式。如我国的基本医疗保险制度为社会医疗保险，同时包含覆盖中央机关的公费医疗，城镇职工基本医疗保险则是社会医疗保险和强制健康储蓄的结合体。本书研究的重点——我国农村医疗保险制度，属于社会医疗保险的范畴，所以本章的重点是分析社会医疗保险制度。

（一）社会医疗保险的特征

社会医疗保险是国家或社会依据法律，运用大数法则分摊风险的机制和社会互济共助的原则，将少数社会成员随机产生的各种疾病风险分摊到全体社会成员的一种医疗保障制度。通常具有以下典型特征：

一是由政府通过立法强制实施，通过保费收入形成专门的保险基金，用于支付参保人员发生的医疗费用；二是依法设立非营利性的医疗保险机构，代表参保人管理医疗保险基金，并按规定向为参保人提供医疗服务的医生或医疗机构支付医疗费用；三是保费通常按照统一的费率收缴，与健康风险无关，但与工资或收入相关，主要由雇主和雇员分摊，对于非正式部门工作的人群，政府通常会给予保费补助。保险基金现收现付，使用基本原则为以收定支，收支平衡。

社会医疗保险在具体的运行中还形成了一些其他特征。

第一，具有普遍性。社会医疗保险起源于 19 世纪的德国，随后扩散到其他国家。目前，社会医疗保险制度已成为医疗保障主要的融资方式之一[1]，一些依靠税收或个人支付融资的发展中国家正在建立或扩大社会医

---

[1] 另外一种主要的融资方式为全民公费医疗，就 OECD 成员国来看，通过社会医疗保险实现全民医保的国家有 15 个，基本与全民公费医疗平分秋色（顾昕，2017）。

疗保险覆盖面（Wagstaff，2010）。各国的覆盖过程基本采用相同的路径，先是覆盖正式就业人员，再逐步扩大到其他人口，如自我雇用者、非正式就业人口、农村人口。全民覆盖的时间通常不等，如德国用了127年，韩国仅用了26年。

第二，医保体系碎片化。一国之内，通常根据居民的职业、居住地、年龄等特征划分为多种类型的社会医疗保险形式，参保人根据法律规定自愿参加相应的保险计划，这些保险计划无论在筹资还是给付上都有可能不同，导致不同参保人之间的付出和收益有所不同。如德国的社会医疗保险由许多个不同的疾病基金承办，各疾病基金在筹资和待遇上均有所不同。我国三大基本医疗保险中，职工基本医疗保险的筹资和给付水平明显要高于居民基本医疗保险。医保体系的碎片化虽然有利于保险机构之间的竞争，但也带来了买方权利的缺失、保险机构"撇奶油"、重治疗轻预防等问题，另外还有参保人身份转换时的医疗保险续接问题。

第三，与其他医疗融资方式并存。实施社会医疗保险的国家同时也采用其他方式筹集医疗资金，社会医疗保险主要覆盖正式部门就业人员，对于老人、穷人或其他原因造成生活困难者，政府通常会通过税收筹集资金。为满足更高层次的医疗需求，个人可以购买商业保险。

（二）社会医疗保险的价值

保险根据大数法则，通过将很多人汇集在一起而减少每一位被保险人财富的可变性。医疗保险需求建立在期望效用理论的基础上（富兰德等，2011），由于疾病具有不确定性，导致个人未来财富的不确定性，根据期望效用理论，购买医疗保险可以将个人财富固定在一个定值，减少效用损失。所以，医疗保险的价值在于减少医疗支出的不确定性带来的效用损失（Friedman and Savage，1948），即医疗保险具有风险分散价值。

Nyman（1999a）认为，医疗保险的风险分散价值适用于在无保险状态下已发生损失的状态，即消费者能够支付医疗费用。若消费者因无力支付医疗费用而放弃治疗，则期望效用理论不适用，从而也就不会有保险的风险分散价值。对于消费者无力承担的损失，医疗保险的价值在于增加该医疗服务的可及性，使原本没有能力获得某种医疗服务的人能够获得该医疗服务，而且医疗保险的这种可及性价值（Acess Value）通常是获得昂贵医疗服务的重要途径之一①，在合理的假定条件下，可及性价值带来的收益是风险分散价值收益的 3 倍。与传统模型不同，笔者认为生病和健康时的效用函数是不同的，效用主要取决于净财富和健康状况，当参保者使用某项价格低于个人或家庭净财富的医疗保健时，保险的作用是传统的风险规避价值；当该医疗服务的价格高于个人或家庭净财富时，不存在风险规避问题，因为无保险者会因无力承担而放弃治疗，此时，参加保险的价值则在于仅用占财富很小比例的保费获得了该服务。所以仅仅使用风险规避衡量医疗保险的价值造成了对医疗保险价值的低估。笔者进一步测算了 1987 年美国财富位于中位数的参保人群，保费中大约 30% 用于支付那些在没有保险时无力消费的医疗服务。

随后，Nyman（1999b）又对医疗保险的价值进行了补充，医疗保险通过收入转移效应将保费从收入边际效用较低的健康者转移到收入边际效用较高的患者手中，增加了患者医疗服务需求及其他消费品需求。这样，医疗保险就具有 3 种价值，即风险分散、增加医疗服务可及性、收入转移。

社会医疗保险作为一种同舟共济的保障制度，除具有医疗保险的一般价值外，还有自身的优势。

一是社会医疗保险更有效率。社会医疗保险通过强制性的参保措施消除了商业医疗保险中无法避免的逆向选择问题，很好地解决了医疗保险的高行政成本问题。据测算，私人提供保险的管理成本（包括销售成本）会超过保险赔偿费的 20%，而公共保险的管理成本（不考虑为社会保险项目通过税收融资导致的扭曲）通常不到保费的 10%（斯蒂格利茨，1999）；

---

① 其他途径还包括个人购买或慈善捐赠。

集体购买方式提高了医疗需求方的市场权力，形成对医疗供给方不完美代理的有效制衡；第三方经办的社会保险组织能充分代表参保人的利益；筹资主要来源于雇主和雇员的缴费，不容易受政治经济的影响，稳定性好，能有效保障参保人的收益。

二是社会医疗保险更有利于社会公平。社会医疗保险的主要目标是人人都能享受医疗卫生服务，特别重视对弱势群体的帮助。其保费的设计通过统一的费率，保费总额通常与劳动报酬正相关，实现了富人对穷人的接济，政府利用税收对穷人保费的补贴或减免也体现了富人对穷人的帮助，因为富人比穷人纳税更多。

三、世界范围内社会医疗保险制度的建立

社会医疗保险起源于德国，19 世纪德国政府的社会保险思想建立在社会团结的基础上，认为政府有责任向所有国民提供广泛的社会保险。1883 年颁布的《疾病保险法》强制要求收入低于一定水平的工人参加疾病保险基金，缴费由工人和雇主共同分担，政府也为部分工人提供一定的财政补贴。后逐渐扩大覆盖范围，经过 100 多年的发展与改革基本实现了全民覆盖（Altenstetter and Busse，2005）。19 世纪末 20 世纪初，社会医疗保险计划被推广到欧洲其他国家，如奥地利（1888）、比利时（1894）、西班牙（1929）[①] 和法国（1930）。

与欧洲国家相比，美国的社会医疗保险发展较晚，且是众多发达国家中唯一没有实现全民医保的国家。其最主要的两大社会医疗保险是 1965 年通过的老年人医疗保险计划（Medicare）和穷人医疗救助计划（Medicaid）。前者是一个全民性计划，主要向 65 岁以上老年人提供强制性住院保险和部分药品保险；后者是一个由州政府负责、联邦政府经费相配

---

① 后来改为税收筹资。

套的计划，主要为各类穷人提供医疗服务保障（张琳，2013）。正在运行的 Medicare 由 4 部分组成。第一部分是住院保险，为参保人支付大部分的住院费用，但患者需要支付起付线和权益范围外的费用，覆盖范围包括在专业护理机构、家庭健康机构发生的费用。第二部分是补充医疗保险，为参保人提供有选择的医疗服务，如急诊门诊费用、内外科医生服务、牙医服务等。第三部分是老年医疗保险计划特惠项目，主要针对参加私人医疗保险的老年人。第四部分新处方药保险计划是政府补贴的药物福利计划，政府补贴参保人购买美国食品药品监督管理局（FDA）批准的处方药和生物制剂。同第二部分一样，第四部分也属于补充医疗保险。其中，第一部分是强制性的，政府通过强制性的工资税收来筹资，雇主和雇员分别缴纳工资收入的一定比例。第二部分、第三部分和第四部分采取自愿参加的形式，通过参加者缴纳保费和美国财政部基金的支持来筹措资金。

在亚洲，最早实施社会医疗保险的国家是日本。1922 年日本颁布《健康保险法案》，强制要求 10 人以上企业的工人参加医疗保险，1934 年保险范围扩大到 5 人以上企业，1938 年国民医疗保险计划建立，覆盖自由职业者、失业者、退休老人，1961 年实现了全民覆盖（Kondo and Shigeoka，2013）。目前日本的社会医疗保险主要包括两类，一是针对雇员及其家属的保险，保费由雇主和雇员共同承担；二是针对自由职业者、退休人员、养老金及抚恤金领取者及其家属。韩国的社会保险计划始于 1977 年，从员工超过 500 人的企业开始实施，随后发展到仅雇用 16 名员工的企业，最后延伸到那些只有 1 名全职员工的企业；1981 年公务员和教师被纳入该计划；1989 年，医疗保险范围拓展到剩余人口，即穷人、自由职业者和农民（WHO，2010），初步实现全民医保。韩国的医疗保险体系主要有 3 类，第一类为职场医疗保险组合，覆盖 5 人以上企业职工及家属；第二类覆盖政府职员及私立学校教师；第三类为地区保险组合，覆盖个体经营者、城市及农村居民。我国台湾地区的医疗保险始于 1950 年建立的劳工保险，随后医疗保险覆盖范围不断扩大，1958

年建立了公务员和教师保险，1985 年建立了农民保险，1990 年建立了低收入户保险，1995 年将以上保险整合，实施全民健康保险，除规定外，所有台湾公民必须参加全民健康保险，政府根据不同职业给予不同保费补贴。

发展中国家第一个实施社会医疗保险的是智利，起初为不同阶层的工人提供医疗保险，1952 年建立了覆盖所有居民的公立卫生体系，是继英国之后第二个建立起全民免费医疗的国家。之后由于效率问题及政权更迭，几经改革，最终重新实现穷人参加政府举办的社会医疗保险，富人参加私人医疗保险的医保全民覆盖之路。作为拉丁美洲第一经济大国的墨西哥在实施医保全民覆盖的道路上也取得了显著成绩。在 2003 年医疗改革之前，不同种类的保险基金覆盖了不同人群，社会医疗保险覆盖私立部门的工薪阶层及其家属，公务员保障制度保障公务员的医疗需求，50% 的人口缺乏任何形式的医疗保障，其中包括大约 250 万特困家庭。2003 年通过社会健康保障制度，大众医疗保险（Seguro Popular）实行自愿参加，政府（主要由联邦政府和州政府两级分担）补贴保费的形式将非正规劳动力市场中占总人口一半的大约 5000 万人口纳入医疗保险覆盖范围，后继续扩大覆盖范围，于 2012 年实现全民医保。我国现行的三大基本医疗保险包括 1998 年由劳保制度改革而成的城镇职工基本医疗保险（简称城职保）、2003 年在广大农村地区实施的新型农村合作医疗（简称新农合）及 2007 年覆盖城镇非正式部门就业人口的城镇居民基本医疗保险（简称城居保）①。其中，城职保采用用人单位和个人共同分担保费的形式筹集资金，依法强制参保；城居保和新农合的资金来自政府补贴和个人缴纳的保费，其中个人缴费只占筹集资金的一小部分，采取自愿参保的形式。2006年开始，我国基本医疗保险覆盖面加速推进，2013年实现全民覆盖②。除此之外，巴西、卢旺达、泰国、越南、哥伦比亚、菲律宾等中低收入国家在

---

① 2009 年开始，各地新农合和城居保陆续整合统一为城乡居民基本医疗保险。
② 胡雅婷：《中国已基本实现"全民医保"》，《人民日报》2013 年 11 月 7 日。

通向全民医保道路上的努力均证明医疗保险全民覆盖不是高收入国家的特权（WHO，2010）。

虽然有些中低收入国家目前尚未实现全民医保，但在保障贫困群体就医可及性方面取得了突破性进展。如印度政府为加强农村地区，尤其是落后地区的医疗体系建设，实施农村医疗使命计划（NRHM）；生活在贫困线下的家庭可以加入国家健康保险计划。秘鲁针对穷人及非正规部门就业者的医疗保险要求收入低于政府规定标准的非正式部门就业者全部参保，为受益人提供非常慷慨的综合性医疗服务项目。

综合以上各国社会医疗保险推进的过程来看，无论是发达国家还是发展中国家，在建立医疗保险过程中均沿着相似的路径，即先从正式部门就业人员开始，后逐步扩大覆盖面，最后覆盖农民。在资金筹集上，对于正式就业人员一般采用雇主和雇员共同分担的形式，对于非正式就业人员，有的采用个人缴费和政府补贴保费的形式，有的通过政府税收提供部分免费医疗服务。无论当前一国医疗保险覆盖的程度如何，医疗保险全民覆盖已经成为世界医疗服务体系的主要趋势（顾昕，2005）。

四、我国农村医疗保险体系

（一）基本医疗保险

1. 新型农村合作医疗制度

20 世纪 80 年代，农村经济制度变革导致原来的合作医疗制度崩溃瓦解，大量农民没有任何医疗保障。据《第二次国家卫生服务分析调查报告》统计，1998 年，农村 87.44% 的居民需自费医疗，而在经济不发达的农村地区，自费医疗比例高达 90%。"小病拖，大病扛，扛不过去见阎王"成了农民应对疾病的主要手段。2000 年世界卫生组织对其 191 个成员国医疗融资公平程度进行评价，中国排名倒数第四，很大原因是占总人口 70%以上的农民缺乏医疗保障。因此，无论是从国内农民看病就医的严峻形势出发，还是从提高国际地位出发，中国农民的医疗保障问题亟须得到有效解决。

20世纪90年代，中央政府开始考虑恢复农村合作医疗制度。2003年印发《国务院办公厅转发卫生部等部门关于建立新型农村合作医疗制度意见的通知》，标志着新农合在农村地区开始建立，并将新农合定义为由政府组织、引导、支持，农民自愿参加，个人、集体和政府多方筹资，以大病统筹为主的农村医疗互助共济制度，到2010年覆盖全国农村居民。与以往制度最大的区别是，新农合明确了中央政府和地方政府在筹资中的责任。

2003年开始，新农合迅速在全国铺开。2004年有333个县参与试点，参合人口比例达75%；到2008年全国2729个县全部覆盖新农合，参合率达91.5%；2009年以后参合率一直维持在95%以上，几乎覆盖所有农村户籍人口。扩面的同时，新农合筹资规模也在不断提高，2003年试点之初人均筹资30元，到2018年已增至710元，其中各级政府补助占筹资总额的比例也由试点之初的66.7%上升到2018年的69%，体现了政府在新农合筹资中的主体责任。

考虑到大病是导致农民医疗负担甚至贫困的主要原因，与门诊小病相比大病更缺乏价格弹性，因此，新农合将保障的重心放在对住院等大病的保障上。在统筹层面上实行县级统筹，各统筹地在补偿模式和补偿方案的选取上有充分自主权。试点之初主要的补偿模式包括大病统筹＋门诊家庭账户、住院统筹＋门诊统筹、大病统筹（包括住院和门诊大病）3种模式。其中发达地区主要采取"保大不保小"的模式，贫困地区通常采用"既保大又保小"的模式。对于"保小"，大部分地区采取家庭医疗账户的模式，仅有少数县采取统筹的模式。家庭账户又分为自筹和共筹两类，自筹是指仅将个人缴费的一部分划入家庭账户，而共筹除包含个人缴纳的费用外，还包含了政府补贴的部分（胡善联、左延莉，2007）。对两种"保小"模式的比较发现，统筹模式降低农民医疗负担的作用要优于家庭医疗账户

（Hou et al., 2014）。同时，家庭医疗账户也不利于新农合医疗基金的使用效率，在运行当中，逐渐被门诊统筹取代，所以住院统筹＋门诊统筹的模式逐渐成为新农合的主要补偿模式。

补偿方案主要包括起付线、封顶线、补偿比例和补偿范围等内容，通常按照"以收定支、收支平衡、略有结余"的原则制定。实际运行中，各统筹地对于住院的补偿要高于门诊，门诊补偿通常也仅限于村和乡（镇）级医疗卫生机构。对于不同级别医疗机构的补偿亦不相同，级别越高的医疗机构补偿越低，其目的是引导农村居民合理就医。试点初期，新农合实际住院补偿比例仅为24.7%，2008年提高到38%。自2013年开始，政策范围内住院费用报销比例维持在75%，2015年政策范围内门诊费用报销比例提高到50%。但是，实际报销比例与政策范围内报销比例存在较大差距，次均住院实际报销比例只有50%左右，重大疾病患者的实际报销比例往往更低，多数只有20%~30%（张仲芳，2017）。

2. 城乡居民基本医疗保险

新农合、覆盖城镇就业人口的城职保和覆盖城镇非正式就业人员的城居保组成我国三大基本医疗保险，在制度上构成了全民医保的框架。根据《2015年度人力资源和社会保障事业发展统计公报》，截至2015年末，全国参加城镇基本医疗保险人数为66582万人，其中，职工基本医疗保险28893万人，城镇居民基本医疗保险37689万人。根据《2015年我国卫生和计划生育事业发展统计公报》，截至2015年底，全国参加新农合的人口数达6.7亿人。目前我国基本医疗保险已覆盖13多亿人口，也基本实现了全民医保。虽然全民医保的制度框架及体系均已建立，但是这种碎片化的医保体系既不利于制度的健康发展，也不利于健康中国目标的实现。

首先，城乡分割的医保体系造成了医保待遇、医疗服务利用和健康水平在城乡间不平等。医保筹资直接决定了医保待遇，城镇医保筹资明显高于农村，如2010年我国三大基本医疗保险人均筹资额，城职保为1001.0元、城居保为181.3元、新农合为156.6元。第五次国家卫生服务调查是新一轮医疗卫生体制改革以来关于居民医疗服务利用和健康情况的第一次大规模调查。据调查结果，无论是门诊服务还是住院服务，城镇居民都比农村居民利用得更多。如居民两周就诊率，城市地区为 13.3%，农村地区为 12.8%。城市地区平均住院天数 12.5 天，农村地区为 10.7 天，次均住院费用城市和农村分别为 10353 元和 6762 元。相应的婴幼儿和孕产妇死亡率在城乡间亦呈现较大差距，根据《2010 年我国卫生和计划生育事业发展统计公报》，2010 年 5 岁以下儿童死亡率为 16.4‰，其中城市为 7.3‰，农村为 20.1‰；婴儿死亡率为 13.1‰，其中城市为 5.8‰，农村为 16.1‰；新生儿死亡率为 8.3‰，其中城市为 4.1‰，农村为 10.0‰；孕产妇死亡率为 0.3‰，其中城市为 0.297‰，农村为 0.301‰。

其次，城乡分割的医保体系不利于风险的有效分散，基金使用效率低下。根据大数法则，医保基金池越大，抗风险能力越强。新农合以县为统筹单位，城镇医保以市为统筹单位，这种以地域、户籍、职业划分的筹资及管理体制，造成医保基金池过小，抗风险能力不足，且经办资源分散，经办机构重复设置，管理运作成本高。同时，不同制度间缺乏有效衔接，不同参保人员不能在不同制度间流动。另外，城居保和新农合的覆盖对象部分重叠，经办管理系统信息不能共享，导致重复参保、重复补贴，大量基金被浪费。因此，城乡医保并轨并提高统筹层次是基本医疗保险亟须改革的方向。

2009 年，《中共中央 国务院关于深化医药卫生体制改革的意见》提出，中央统一制定基本医疗保险制度框架和政策，地方政府负责组织实施管理，创造条件逐步提高统筹层次。有效整合基本医疗保险经办资源，逐步实现城乡基本医疗保险行政管理的统一。2010 年，中央一号文件也明确提出做好新型农村合作医疗、农村医疗救助、城镇居民基本医疗保险、城镇职工基本医疗保险制度的政策衔接。这两个文件释放出整合城乡基本医疗保险的信号。党的十八大正式做出了整合城乡居民基本医疗保险制度的决策。党的十八届三中全会通过的《中共中央关于全面深化改革若干重大问题的决定》将整合城乡居民基本医疗保险作为实现公平可持续社会保障制度的重要内容。2016 年 1 月 12 日，国务院印发《国务院关于整合城乡居民基本医疗保险制度的意见》（以下简称《意见》），就"两保"整合做出了具体部署，提出城乡医保合并实行"六统一"原则，原则上实行市（地）级统筹，鼓励有条件的地方实行省级统筹。据人社部信息，目前全部省份均已完成整合或出台整合方案。在中央尚未对城乡医疗保险整合做出具体部署前，已有部分地区开始了"两保"整合的大胆尝试，如天津、上海、浙江、山东、广东、重庆、宁夏、青海等。

根据《意见》，各地按照筹资就低不就高、待遇就高不就低、目录就宽不就窄的原则建立或探索适合本地经济社会特征的城乡居民医疗保险制度。与新农合相比，统一的城乡居民医疗保险提高了农村居民的保障水平，主要表现在以下 3 个方面。

第一，统筹层次提升，提高了基金的保障能力。新农合以县为统筹单位，各地的筹资水平往往与县域的经济发展水平、参保人的医疗需求、家庭和政府的可负担能力相关，这种筹资方式一方面造成各地新农合待遇不均，另一方面不符合医疗保险的风险分散机制，即参保人数越多，统筹层次越高，基金抗风险能力越强。"两保"整合后，不但打破了县域内人口年龄结构对医保基金的影响，市级乃至省级的统筹扩大了医保基金池，增强了基金的保障能力。

第二，医疗保险目录扩宽，扩大了保障范围。新农合的药品目录和诊疗项目目录多根据各地的实际情况，以省（区、市）为单位统一制定。其中，药品目录建立在国家基本药品目录的基础上，700~1300 种（仇雨临、吴伟，2016）。而城居保的目录多参照国家基本医疗保险目录，其中 2009 年版药品目录包含 2196 种药品，2017 年版新增 339 种，达到 2535 个。根据目录就宽不就窄的原则，"两保"整合后，就药品目录来看，农村居民的报销范围扩大，保障水平也大为提高。如山东省在完成"两保"整合后，农村居民的用药品种由整合前的 1100 种扩大到 2400 种（张庆国、吴琪，2017）。铜陵市作为安徽省第一个实施城乡医保并轨的地级市，农村居民的可报销药品从 1128 种增加到 2397 种（郑功成，2014）。

第三，报销比例提高。《意见》规定，合并后的城乡居民医疗保险政策范围内住院费用支付比例保持在 75% 左右，进一步完善门诊统筹，逐步提高门诊保障水平。各地按照待遇就高不就低的原则，对合并后的住院和门诊报销比例做了相应整合。东营市作为山东省首个城乡居民医保制度整合试点城市，"两保"整合前，农村居民在乡镇、县区、市、省和省外住院的报销比例分别为 90%、70%、55%、50% 和 25%。"两保"整合后，一档缴费在一级、二级、三级定点医疗机构住院的报销比例分别是 90%、75% 和 60%，市外同级医疗机构的报销比例较市内仅降低 5 个百分点，最高报销比例可提高 30 个百分点。宁夏新农合住院最高支付限额为 5 万元，"两保"整合后一至三档最高支付限额分别为 6 万元、11 万元和 15 万元（郑功成，2014）。山东省门诊慢性病病种实际平均报销比例由整合前的 56% 提高到整合后的 58%（张庆国、吴琪，2017）。

（二）补充医疗保险

1. 大病医疗保险

新农合或城乡居民基本医保作为农村基本医疗保险制度，其主要特点为"低水平，广覆盖"，保障能力特别是对于重大疾病的保障作用极为有限。为进一步提高农村居民医疗保障水平，减轻农民重大疾病负担，2010 年 6 月，卫生部[①] 和民政部联合下发《关于开展提高农村儿童重大疾病医疗保障水平试点工作的意见》，首先从农村儿童先天性心脏病和急性白血病起步，开展重大疾病医疗保障试点。2012 年 8 月，国家发展和

---

① 2013 年 3 月，根据第十二届全国人民代表大会第一次会议审议的《国务院关于提请审议国务院机构改革和职能转变方案》的议案，组建国家卫生和计划生育委员会，不再保留卫生部。2018 年 3 月，根据第十三届全国人民代表大会第一次会议批准的国务院机构改革方案，设立中华人民共和国国家卫生健康委员会，不再保留国家卫生和计划生育委员会。

改革委员会、卫生部、财政部、人社部、民政部、保险监督管理委员会①等六部委联合出台了《关于开展城乡居民大病保险工作的指导意见》，城乡居民大病医疗保险制度正式建立。2015年国务院办公厅发布《国务院办公厅关于全面实施城乡居民大病保险的意见》，对大病医疗保险筹资机制、保障水平、承办服务等方面做出详细规划，进一步推动城乡居民大病医疗保险全面实施。

大病医疗保险作为基本医疗保险的有效补充，在基本医疗补偿的基础上，对大病患者发生的高额医疗费用给予进一步补偿，所需资金从医保基金中划拨，财政给予一定补贴，由地方政府作为投保人向商业保险机构招标投保，按照"保本微利"的原则，由保险公司和政府共同承担经营风险。2013年，农村大病保障试点扩大到儿童白血病、先天性心脏病、终末期肾脏病等20个病种。2015年大病医疗保险在农村地区全面推开，支付比例达到50%以上。截至2020年末，大病医疗保险已覆盖城乡居民约12.2亿人，实际报销比例在基本医保的基础上平均提升了10~15个百分点。

2. 城市定制型商业医疗保险

城市定制型商业医疗保险（简称惠民保），是由地方政府推动，联合商业保险公司推出的一款医疗保险，其在基本医保和大病保险报销后提供补充保障，主要目的是减轻居民的高额医疗费用负担，被社会誉为"小医保""准社会医疗保险"。其本质上和城乡居民大病医疗保险一样，是我国社会医疗保险的一种补充保险。与大病医疗保险不同，惠民保基本是一城一策，具有鲜明的地方特色。以缴费为例，不少城市支持医保个人账户余额支付，也有城市规定可以用个人医保账户余额为直系家庭成员缴费，部分农村地区还实行村民参保、村委补贴的缴费方式。

2015年，惠民保首创于深圳。2020年3月，国务院发布《中共中央国务院关于深化医疗保障制度改革的意见》，提出要加强建设多层次医疗

① 2018年3月，根据《第十三届全国人民代表大会第一次会议关于国务院机构改革方案的决定》，中国保险监督管理委员会撤销。

保障体系。在此背景下，惠民保步入快速发展期，逐步成为基本医疗保险的重要补充。截至 2022 年末，惠民保已经覆盖了全国 29 个省的 288 个地级市，总参保人次已达 2.98 亿人[①]。由于惠民保"低保费、低门槛、高保障"的特点，参保率不断提升。如 2022 年浙江省惠民保总参保人数达到 2969.25 万人，平均投保率为 53.34%，平均续保率为 80.9%。其中，丽水市 2022 年版"浙丽保"参保率高达 92.1%。但是，惠民保的发展更加依赖地方政府的推动，在运营过程中也出现了参保率不足、赔付率偏低或过高、参保人获得感不足等一系列问题，其进一步发展还需不断探索创新。

第二节　社会医疗保险对居民医疗负担的影响

一、关于发达国家的研究

发达国家的社会医疗保险开展较早，且大都通过政府干预的形式实现了全民医保（白重恩等，2007），早期关于这些国家的研究，所用的识别方法与现在有所不同，为了增加可比性，本章只关注了 2000 年以来的代表性研究。由于经济发达，发达国家的社会医疗保险往往也更慷慨，在降低参保人医疗负担方面也收获了良好的效果。

美国的两大社会医疗保险起步较晚，相应研究较为丰富。Khwaja（2006）构造了一个不存在老年医疗保险计划且没有其他任何医疗保险的反事实环境，通过生命周期人力资本模型模拟发现，老年医疗保险计划使 66~80 岁老人的自付医疗费用降低了 93.78%，说明老年医疗保险计划在降低老人医疗负担方面发挥重要作用。Finkelstein 和 McKnight（2008）考察

[①] 南开大学卫生经济与医疗保障研究中心、圆心惠保：《惠民保发展模式研究报告》。

了老年医疗保险计划中的医疗保险（A 部分）和门诊保险（B 部分）对第一代参保人的影响，得出了相同的结论。他们用 1970 年与 1963 年的数据，以 55~64 岁人群为参照组，以 65~74 岁老年医疗保险计划覆盖人群为实验组，通过双重差分发现，在自付医疗费用支出的高百分位上，个人自付医疗支出降低了 40%~50%，但是老年医疗保险计划实施的前 10 年并没有影响参保老人的死亡率。Engelhardt 和 Gruber（2011）考察了处方药物计划（D 部分）对老人医疗负担的影响，发现根据购买处方药的总支出不同，参保老人的医疗支出降低 180~800 美元不等。Finkelstein 等（2012）对俄勒冈州老年医疗保险计划的研究也发现，政策实施的第一年，受益人自我承担的医疗支出明显减少，医疗借款风险也明显下降。为降低美国人民的医疗负担，时任美国总统奥巴马在 2010 年签署了《平价医疗法案》（*Affordable Care Act*），在签署后的 2013—2015 年，私人医疗保险购买者中有医疗负担（医疗自付费用和保费之和占家庭总收入的 10% 或以上）的家庭减少了 6.7%，平均每个家庭降低了 811 美元（Boudreaux et al.，2017）。

日本是首个开始社会医疗保险并实现全民覆盖的非西方国家，医疗体制健全、医疗质量和服务水平高，拥有世界第一的人均预期寿命。政府规定公民 70 岁时可享受一个更慷慨的高龄者医疗保险，Shigeoka（2014）利用这一变化，考察更慷慨的保险计划对参保人医疗负担的影响，利用断点回归解决内生性后，发现更低的成本分担减少了参保人的自付医疗费用，并且随着医疗支出增加，医保作用加大。笔者由此认为，参保人自付费用的降低是由于保险慷慨程度增加超过医疗需求增加的结果。

二、关于发展中国家的研究

发展中国家的社会医疗保险起步较晚，近期的研究也较多。Acharya 等（2013）系统筛选了 64 篇关于中低收入国家的研究，对考虑内生性的 19 篇文章总结发现，大部分研究发现保险提高了参保人医疗服务的利用水平，但对医疗负担的影响并未取得一致结论。鉴于在总体收入水平不高的前提下，不同国家实施医疗保险的初衷及内容不同，保险对受益人医疗负担的影响不一也可以理解。一项医疗保险制度的效果更多地取决于医疗服务供给体系的特征，包括公立医院的角色、对供给方的支付方式、是否有基层医疗"守门人"等（Docteur and Oxley，2003）。

除中国外，一些发展中国家通过政府补贴的形式将非正式部门就业者纳入医疗保险范围（Wagstaff et al.，2009），基本实现了全民医保，如泰国、墨西哥、越南、菲律宾、哥伦比亚，本章以这些国家为代表总结发展中国家的社会医疗保险效果（见表 1-1）。这些国家与我国发展层次相似，对其医疗保险实施效果的分析，有助于发现我国医疗体制待改进之处。

表 1-1　代表性社会医疗保险对医疗负担的影响

国家	保险名称	对医疗服务利用的影响	对医疗负担的影响
美国	Medicare（老年医疗保险计划）	—	减小
	Medicaid（穷人医疗救助计划）	增大	减小
日本	Elderly Health Insurance（高龄者保险）	增大	减小
泰国	Universal Coverage Scheme（全民覆盖计划）	增大	减小
墨西哥	Seguro Popular（大众医疗保险制度）	无影响	减小
		—	无影响（购药）
越南	Health Insurance（社会保险）	—	减少
	Health Care Fund for the Poor（穷人保健基金）	无影响	减少
	Health Insurance for Children（儿童保险计划）	增大	减小
菲律宾	National Health Insurance Program（国家医疗保险计划）	—	无影响
哥伦比亚	Subsidized Regime（补助型医疗保障制度）	增大	减小
秘鲁	Seguro Integral de Salud（大型社会医疗保险）	增大	增大
		增大	无影响
印度	Rashtriya Swasthya Bima Yojana（国家健康保险计划）	—	增大（Kavan 等）
		—	无影响（Ghosh；Gupta 等）
	Rajiv Aarogyasri（RAS）计划	—	减小
	Vajpayee Arogyashree Scheme（VAS）计划	—	减小

续表

国家	保险名称	对医疗服务利用的影响	对医疗负担的影响
印度	Yeshasvini 计划	增大	减小
中国	城职保	增大	减小
	公费医疗	—	增大
	城居保	增大	无影响

资料来源：作者根据文献整理所得。

世界卫生组织称赞泰国的医疗改革为泰国医疗卫生领域具有里程碑意义的大事，通过医疗保险全民覆盖成功降低了国民的医疗负担（WHO，2010）。其中的全民覆盖计划（Universal Coverage Scheme，UCS，又称为"30泰铢计划"）尤其让人称道，一些评论家称其为"宇宙大爆炸"式的激进改革。该计划仅用1年时间就将全国没有任何医疗保障的人群纳入医疗保险范围。Limwattananon等（2015）以保险状态未发生改变的国有部门就业者为参照组，以保险新覆盖人群为实验组，利用倍差法处理内生性，发现全民覆盖计划使参保者的平均自付医疗费用降低了28%，医疗支出越多，该计划对受益人的保护作用越强，在自付医疗费用分布的第95百分位上，自付医疗费用降低了42%，同时增加了参保人对住院和门诊服务的利用。统计数据描述的家庭灾难性医疗支出发生率及因病致贫发生率在全民覆盖计划实施后都大大降低（Limwattananon et al.，2007；Somkotra and Lagrada，2008）。按人头付费、住院总额预付、守门人制度、单一医疗服务购买方、增加财政投入等配套措施是全民覆盖计划发挥作用的重要因素（Limwattananon et al.，2015）。

墨西哥2003年开始的大众医疗保险制度（Seguro Popular，SP）与我国城镇居民医保非常相似，主要面向非正规劳动力市场就业人群，同样采用自愿参加、政府补贴保费的形式。对该保险的大量研究发现，参保者的医疗负担大幅度降低，以参保者自付医疗支出、大病医疗支出及灾难性医疗支出等作为医疗负担的衡量指标均得出了相同的结论，对医疗服务的利用没有显著影响（Barros，2008；King et al.，2009；Galarraga et al.，2010；Barofsky，2011；Grogger et al.，2015）。但就购药来说，并未发现大众医疗保险制度受益人的医疗负担有所减轻，医疗保险诱发的需方道德风险是其原因之一（Wirtz et al.，2012）。

越南在推进全民医保方面也具有良好的示范作用。1993 年覆盖大多数人的社会保险降低了参保者的医疗负担，且对低收入者更有利（Jowett et al.，2003；Sepehri et al.，2006）；2003 年针对低收入、少数民族及偏远地区的穷人保健基金（Health Care Fund for the Poor，HCFP）在降低弱势群体医疗负担方面发挥着重要作用，由于医疗服务的可及性不足，医疗服务利用并未增加（Axelson et al.，2009；Wagstaff，2010）。2005 年开始的针对 6 岁以下的儿童保险计划（Health Insurance for Children，HIC），显著降低了 3~5 岁儿童的自付医疗费用（Nguyen and Lo Sasso，2017）。

受制于医疗体制的缺陷，菲律宾的国家医疗保险计划（National Health Insurance Program，NHIP）对参保人的医疗负担几乎没有影响，对大额医疗支出的保护作用更为有限（Gertler and Solon，2002；Tobe et al.，2013）。政府对医疗卫生投入不足；基层医疗机构薄弱，人们被迫选择大医院就诊；医疗机构具有定价权、对供给方按服务项目付费等因素，是阻碍该国医疗保险发挥作用的重要因素。制度的不合理安排使医疗机构通过价格歧视攫取了 86% 的医保基金（Gertler and Solon，2002）。

哥伦比亚的补助型医疗保障制度（Subsidized Regime，SR）也是针对低收入者，同时采用了高收入国家普遍实施的管理式医疗，基础医疗服务实施按人头付费，专业医疗服务按项目付费，但每个服务项目的费用是事前确定的，为进一步规范医疗供给方的诊疗行为，保险公司可以拒赔医生开出的非必需项目。相关研究发现，补助型医疗保障制度受益人因没钱放弃治疗的发生率降低（Giedion and Uribe，2009）。Miller 等（2013）利用断点回归全面考察了该保险的效果，包括对参保人医疗负担、医疗服务利用、健康的影响，实证结果首次发现该保险在保护穷人免遭不确定性疾病带来的收入损失中发挥了作用，具体表现为显著降低了穷人的住院自付医疗费用，且自付医疗费用在不同参保群体间差距缩小，同时提高了预防性及治疗性医疗服务的利用率。哥伦比亚的做法充分反映了制度设计对结果的影响，按人头付费使医疗供给方有动力为参保人提供更多的预防性医疗服务。

采用按服务项目付费的秘鲁，于 2003 年实施了旨在覆盖非正式部门就业穷人的大型社会医疗保险 Seguro Integral de Salud（SIS），Bernal 等（2017）利用精确断点回归解决参保人的自选择问题后，发现保险提高了医疗服务的利用率，但仅限于治疗性医疗服务，对预防性医疗服务利用基本无影响，甚至有负作用。该结论一方面说明，保险激励人们更倾向于依赖治疗而非预防来应对健康问题。另一方面说明，按服务项目支付的付费方式无法激励医生为参保者提供更多的预防性服务。研究还发现，保险增加了人们的自付医疗支出，并且医疗支出越多，保险的保护作用越小。笔者认为参加医疗保险后，人们的健康意识和医疗需求增加，而 SIS 医疗服务供给机构的缺医少药使 SIS 受益人不得不去 SIS 非定点机构购买药品和服务，从而增加了医疗支出。Neelsen 和 O'Donnell（2017）通过双重差分和审查分位数回归对 SIS 早期模式的研究发现，该保险对平均自付费用无影响，仅在医疗花费较少的情况下减轻患者的医疗负担。由于农村地区医院少、保险制度中包含的医疗服务有限且设置了严格的补偿封顶线、补偿的范围仅包括药品及耗材而不包括医师服务费等，使得住院服务的使用没有增加。

印度的医疗保险较为分散，除了国家统一的雇员健康保险（Employees' State Insurance Scheme，ESIS）、中央政府健康计划（Central Government Health Scheme，CGHS）和国家健康保险计划（Rashtriya Swasthya Bima Yojana，RSBY），各地区均根据自己的经济社会发展状况建立了名目繁多的医疗保险。RSBY 主要针对贫困线以下家庭，覆盖 30000 卢比的住院费用，Ghosh（2014）以马哈拉施特拉邦为研究对象，Gupta 等（2017）以古吉拉特帮和北方邦为研究对象，Karan 等（2017）利用全国层面数据，均未发现参保穷人的医疗负担有所减轻。医生对受益人使用了大量医保外医疗服务、建议受益人到非 RSBY 定点医疗机构购买昂贵药品和服务、因补偿资金不到位推诿病人是 RSBY 未发挥减轻贫困家庭医疗负担的可能原因。但是，有些以邦为主导的社会医疗保险则收获了很好的效果。Fan 等（2012）和 Rao 等（2014）对安得拉邦 Rajiv Aarogyasri（RAS）计划的研究发现，受益人的住院自付费用大大降低，并且减少了借钱看病情况的发生，但是对门诊负担和灾难性医疗支出的作用较小。Aggarwal（2010）对卡纳塔克邦的 Yeshasvini 计划的考察发现，该计划降低了参保病人的自付医疗费用。同样是卡纳塔克邦，Sood 等（2014）和 Barnes 等（2017）对 Vajpayee Arogyashree Scheme（VAS）计划的效果做了全面评价，为保障评价结果的精确性，作者事前通过倾向值匹配筛选出在各方面相似度很高的 572 个村庄，其中 272 个村庄被 VAS 覆盖，另外的 300 个村庄作为对照组。Sood 等（2014）发现 VAS 受益人的住院自付医疗费用比 VAS 未覆盖人群降低了 64%。Barnes 等（2017）进一步考察了 VAS 对患者自付医疗费用不同分位数上的影响，发现在自付医疗费用分布的高分位上 VAS 对参保者医疗负担降低作用更显著，就全样本来说，VAS 平均降低了 463 卢比的自付医疗费用，就发生住院行为的样本来说，VAS 的作用更大，平均降低了参保者 5203 卢比的自付费用。笔者认为，VAS 对医疗服务供给方实施的打包预付是其发挥作用的重要原因。

关于我国基本医疗保险的研究发现，城职保的作用优于城居保，城镇医疗保险的效果要好于农村医疗保险。

Wagstaff 和 Lindelow（2008）考察了我国 20 世纪 90 年代的公费医疗、职工劳保及农村合作医疗的减负效果，构建了代表医疗负担的两个指标，将自付医疗费用超过样本人均收入的 5% 定义为大病医疗支出，超过家庭人均收入的 10% 视为发生灾难性医疗支出，运用中国健康与营养调查（CHNS）1991—2000 年 10 年数据、甘肃儿童与营养健康调查 2000 年和 2003 年两年数据、1998 年世界银行卫生Ⅷ项目数据，实证分析发现，医疗保险不但没有降低医疗负担，反而增加了上述两种医疗支出的发生率，笔者进一步分析认为，在按项目付费和政府对医疗机构的价格管制下，过度医疗是中国医疗保险没能发挥作用的根源。

黄枫和甘犁（2010）利用 2002—2005 年中国老年健康影响因素跟踪调查（CLHLS）数据来估计公费医疗及城职保对我国城镇老年人医疗花费和家庭自付医疗支出的影响，利用两部模型和扩展的样本选择模型研究发现，在过去一年中享受医疗保险老人的总医疗花费比无保险的老人高28%~37%，约合 1072~1264 元，但家庭自付医疗支出比无保险的老人低43%，约合 1149 元，说明医疗保险在降低城镇老人医疗负担方面发挥了重要作用。刘国恩等（2011）利用 CLHLS 2005 年数据，得出了与黄枫和甘犁（2010）相同的结论，医疗保险增加了老人医疗总费用，平均增加了638 元，但是显著降低了老人家庭的医疗负担，使老人家庭平均自付医疗费用降低 52%。进一步分析发现，城镇医保和公费医疗发挥的作用要高于其他保险形式。

周钦和刘国恩（2014）利用《国务院城镇居民基本医疗保险试点评估入户调查》（2007—2011）考察医疗保险对城镇居民住院医疗服务利用和经济负担的影响，实证分析结果显示，医疗保险人群的住院可及性明显高于非医保人群，同时医药总费用也明显较高。但医保人群的自付医药费用显著低于非医保人群，自付医药费用占家庭年收入的比重也更低。但是，随着医疗支出的增加，保险的保障力度反而减小。异质性分析发现，医保制度对老年人和慢性病患者的作用更大，公费医疗和城职保的作用明显高于其他保险形式。Liu 和 Zhao（2014）用 CHNS 数据对城居保实施初期的效果进行了评价，并未发现该保险降低了参保居民的就医负担。

三、关于我国新农合的研究

现有关于新农合实施效果的评价主要集中在新农合启动后的几年，是在新农合筹资水平较低情况下得到的研究结果，所用数据多来自国内大型微观调查，如中国健康与营养调查（CHNS）、中国老年健康影响因素跟踪调查（CLHLS）、中国健康与养老追踪调查（CHARLS），少数来自笔者实地调查。关于新农合对参合者医疗负担的研究主要集中在两方面：一是新农合是否降低了参合者的自付医疗费用；二是新农合是否降低了参合者的大病或灾难性医疗支出，发挥减贫作用。结论并不一致，总体而言，大多数研究认为新农合并未有效降低农民的医疗负担，有些情况甚至加重了患者的负担。

以自付医疗费用作为医疗负担衡量指标的研究，大多数没有得出积极的结论。Yi 等（2009）2005—2008 年在江苏、四川、陕西、吉林、河北 5 省的调研发现，虽然新农合在 2007 年基本完成了广覆盖目标，但是其减轻农民大病医疗负担的目标并未实现；虽然报销比例逐年增加，但是实际报销比例和政策规定报销比例相差很大，且总医疗支出越大，实际报销比例反而越低。当灾难性医疗支出为 4000 元时，新农合的实际报销比例为 11%，当医疗支出大于 10000 元时，实际报销比例仅为 8%，新农合为农民平均提供了 15% 的帮助，剩下的医疗费用支付需动用家庭储蓄的 62%，借贷支付 15%，甚至变卖家产。Lei 和 Lin（2009）利用 CHNS 2000 年、2004 年和 2006 年 3 年的数据，分别利用固定效应模型、工具变量和倾向值匹配的倍差法 3 种计量方法消除内生性后，并没有发现新农合降低参合者的自付医疗费用。程令国和张晔（2012）、Cheng 等（2015）利用 CLHLS 2005 年和 2008 年数据，运用固定效应模型、倾向值匹配的倍差法、两部模型和 Heckman 样本选择模型考察了新农合对农村老人的影响，发现新农合虽然降低了参合老人的自付率，但是实际医疗支出及大病支出发生率并未降低。笔者推断，老人医疗服务需求弹性大等原因使得参合者对新农合的反应是增加医疗消费而非减少医疗支出。在有些情况下，新农合反而增加了农民医疗负担。孟德锋等（2009）利用 CHNS 2000 年和 2006 年数据考察江苏省新农合的效应，发现新农合增加了患者总的医疗费用及自付医疗费用，但不具有显著性。Wagstaff等（2009）利用2003年新农合试点初第三次国家卫生服务调查分析数据及2005年卫生部关于新农合效果的评估数据，以非试点县的农民为参照组，利用倾向值匹配的倍差法发现，新农合不但没有降低参合者的自付医疗支出，反而增加了门诊及住院支出，增加了患者在报销前的开支，增加了参合者的医疗负担。

另外，新农合在减少大病支出和防止因病致贫等方面仅起到微弱作用。Shi等（2010）利用2008年河北、陕西和内蒙古的调查数据发现，参合者的大病支出发生率从14.3%下降到12.9%，因病致贫率从8.2%下降到7.6%，总体仍维持在较高水平。Sun等（2009）利用山东临沂的农户调查数据发现，加入合作医疗后农村灾难性医疗支出（超过家庭可支配收入的40%）发生率仅从2004年的8.98%下降到8.25%，新农合发挥的减贫作用很小。

另有少量研究发现新农合减小了农民的医疗负担。Babiarz等（2010）2005—2008年在江苏、四川、陕西、吉林、河北5省的调研发现，参合后农民医疗负担降低了19%，笔者推断，这可能跟农民更多地选择村诊所就医，并且没有增加医疗服务需求有关。利用CHNS 1989—2011年9次抽样调查数据，黄晓宁和李勇（2016）发现新农合降低了农民医疗负担，对中西部地区和中老年人效果更显著，笔者对此的解释是农民医疗服务需求价格弹性小，新农合降低实际医疗服务价格后，需求量并没有大量增加。齐良书（2011）使用2003—2006年农村固定观察点数据对新农合的减贫效果进行评估，发现新农合不仅能在农户层面上显著降低贫困发生率，而且能在省区层面上显著降低贫困发生率。当省区内新农合覆盖率约为40%时，覆盖率每提高1%，农村贫困率就下降0.29个百分点。

以上研究均以新农合推行的时间差异为条件，将新农合作为二值变量，考察参合与否对农民医疗负担的影响。现实中，地方政府对新农合的安排有充分自主性，不同的补偿模式、补偿比例可能效果不同，忽略地区间的这种异质性可能造成对新农合评价的偏误。Wagstaff等（2009）用全样本分析时，发现农民医疗负担因参加新农合而增加，对 10 个试点县分别考察后发现，9 个县的患者医疗负担增加，1 个县降低。遗憾的是，作者并未发现这种差异与各县的筹资水平及补偿模式有明显关系。Yip 和 Hsiao（2009）考察了在我国中西部地区广泛实施的家庭医疗账户 + 大病住院报销的新农合补偿模式的减贫效果。作为对比，笔者 2006 年在中西部三镇实施了覆盖 6 万人的农村互助医疗，实施门诊统筹 + 大病住院统筹模式，结果发现，新农合的减贫作用小于农村互助医疗。笔者认为慢性病等导致的门诊花费是农村因病致贫的主要原因，新农合效果弱的原因在于政策制定者未充分考虑农村疾病，采用只保大病的模式不符合农村的实际。各地补偿比例不同，作用可能不同，高补偿代表更高的保障效果，但也预示更高的道德风险。Hou 等（2014）利用 2006 年和 2008 年在山东、宁夏 6 县的调查数据，综合各县新农合的起付线和报销比例构建出反映新农合住院慷慨程度的指标，发现随慷慨程度提高，患者单次住院总费用及单次住院自付费用越高，即补偿提高反而加重了农民医疗负担。笔者推断，总费用的增加是因为患者使用了（或医生提供了）更多的昂贵医疗服务。

2003 年试点后，新农合的筹资规模逐年增加，补偿比例也随之增加，按新农合推进时间顺序的研究应该更具代表性。2006 年后新农合加速推进，但利用 2006 年之后数据的研究并未取得一致结论（Cheng et al., 2015；黄晓宁和李勇，2016）。2009 年我国新一轮医疗改革启动，为提高保障水平，增加国民医疗卫生的公平性，2015 年召开的中央全面深化改革领导小组第十九次会议做出整合城乡居民医保的重大决定。目前，全部省份完成了新农合和城镇居民医保的整合。"两保"整合统一后的医保对参保人医疗负担产生了怎样的影响？目前关于这方面的研究相对缺乏，赵绍阳等（2015）利用成都市新农合和城居保合并这一"自然实验"，发现实际住院报销比例提高后周边郊县居民的住院率及住院总花费均增加，同时自付医疗费用显著降低，笔者认为统一后的医保有效减轻了居民的医疗负担。

第三节　小结

纵观各国的社会医疗保险制度，均是在特定历史条件下形成的，在发展过程中逐渐与各国社会政治制度、经济发展水平、文化传统等相适应，各有特点、自成体系。至今，没有发现哪一种或哪一国的医疗保险制度完美无缺、一劳永逸，所以，不断改革是世界医疗保险体系永恒的话题。无论各国改革的具体措施怎样，医疗保险全民覆盖，走向全民医保是世界医疗保险体系发展的共同趋势（顾昕，2005）。

根据新制度经济学的基本思想：制度是决定一个社会经济发展最为重要的因素，社会医疗保险制度在各国表现出不同的效果，制度因素可以解释大部分原因。如美国卫生支出世界第一，尚不能完全解决国民看病就医问题，而英国仅用占 GDP 9.9% 的费用就很好地实现了全民免费医疗，可见医疗保障制度的优劣不在于投入的多少，而在于制度的设计。

发达国家的工业化程度高，正式就业人员占有主导地位且劳动生产率较高，筹资稳定，治理水平高，所以社会医疗保险制度运行顺畅，效果也更好。而发展中国家由于工业化水平相对较低，正式就业人员相对屡弱，导致医保筹资水平明显偏低，加上治理水平低下，使得制度设计不合理部分凸显，社会医疗保险制度的缺陷被放大，医保体系的整体运作绩效不佳。随着非全职工作、多职工作、灵活就业等成为世界劳动力市场的新常态，社会医疗保险制度如何巩固和发展成为全球特别是发展中国家面临的一大挑战。

具体来说，我国虽然基本实现了医疗保险全民覆盖，但由于历史原因，医疗保险体系本身固有的缺陷阻碍了医保继续发展。另外，供给侧的改革，特别是公立医院改革缓慢，对医保制度改革的绩效产生了负面影响。

首先，医保体系碎片化。基于特定的背景条件，我国在不同时期建立了针对不同人群的医疗保险制度，其中，城镇职工基本医疗保险具有强制性，覆盖城镇正式就业职工和退休职工，以市为统筹单位，采取用人单位和职工共筹的缴费模式，缴费满 15~35 年终身受保，由人社部主管。城居保覆盖城镇非正式就业者，新农合覆盖农村居民，两者均采取自愿参保的形式，保费的少部分来自个人缴费，大部分来自各级政府补贴。不同的是，前者以地市为统筹单位，由人社部门管理；后者以县为统筹单位，由卫生部门管理。以上医疗保险在筹资规模和给付结构上均不同，城职保的筹资和收益高于其他两类，而城居保的收益又高于新农合。除了基本医疗保险外，还有少数人享受公费医疗。这种碎片化的医保体系产生了一系列问题，如转换户籍职业后医保关系转移续接问题、同城不同权问题、农民工流动导致风险在不同保险间转移等。为应对医保出现的功能不调，各管理部门均采用小修小缮的方式加以改良，使得制度得以继续。但这种政策微调反而会导致路径依赖，下一步改革的可能方向也就被事前决定了（科尔奈等，2003），这样导致其离最初的改革目标越来越远。虽然有少数先进地区通过合并城居保和新农合试图进行去碎片化的尝试，但就实际来看，各地整合制度的五花八门又形成了新的碎片化。2016 年 1 月 12 日国务院印发《关于整合城乡居民基本医疗保险制度的意见》，城居保整合有了顶层制度框架，即便是这样，以市为统筹单位的筹资方式距去碎片化还是任重道远。

其次，医保和医疗供给方之间并非社会医疗保险所要求的市场关系，而是行政关系。社会医疗保险要求医疗需求方和供给方相分离，医保经办方以平等的市场主体身份代表参保人与同为市场主体身份的医疗供给方就保险内容、偿付比例进行谈判，并对供给方的行为实施监管。医疗供需双方之间的平等市场关系是社会医保制度运行的前提，也是发达国家通行的做法，更是医保控制医疗费用不合理增长的重要抓手。但是，在我国，公立医院和医保经办机构一样，是具有行政等级的事业单位，无论是主管新农合的卫生部门还是主管城镇医保的人社部门，或是现在主管城居保的医疗保障局都无法对具有行政级别的公立医院实施有效监管。医保与医疗的这种特殊关系，使医保机构更像是为公立医院提供无条件供养的财政部门。另外，公立医院垄断着绝大部分的医疗资源，在医疗供给市场处于绝对优势地位。据《2021年我国卫生健康事业发展统计公报》，2021年，公立医院床位数占医院总床位的70.2%，诊疗人次占到医院总数的84.2%。公立医院如此强大的市场份额，让医保部门在筛选医保定点机构时毫无选择权，医保丧失了取消定点的终极处罚权，无论设计怎样完美的监管措施都无法约束公立医院的行为。

再次，政府对公立医院的不当管制阻碍了医保付费改革成效。随着医学科技进步和人民生活水平提高，医疗费用的高涨是世界各国面临的共同问题，控制医疗费用的不合理增长依赖于医疗保险机构采取有效措施约束和控制医疗供给方的不合理行为，使其有动力为患者提供质优价廉的服务。对供给方采取预先付费的方式（预付制）被认为是一种可以提高供给方成本意识的有效方式，在各国得到普遍应用。其基本思想在于医保机构与医疗供给方以契约的形式就医疗服务内容和付费规则达成一致意见，医保事先支付费用，医院"超支自理，结余归己"（顾昕，2012）。以上预付制得以发挥作用的前提是医院在人、财、物上拥有绝对自主权，才能用低成本替换高成本，真正实现"结余归己"。而我国公立医院在人、财、物的配置上都没有自主权，卫生行政部门掌管着公立医院的人事编制、基建项目的审批，甚至药品耗材的采购。最经典的管制当属现行的药品集中招标采购，按照政策规定，公立医院使用的药品只能在招标范围内，并且必须执行中标价，这种管制之下，医院难以通过自主选择药品最小化成本，实现"结余归己"。所以，当前我国医疗卫生领域的预付制改革，仅仅是照搬了国外成功的形式，却忽略了预付制生存所需要的"土壤"。

第二章　影响医疗保险作用的因素

　　从理论上讲，医疗保险制度通过风险分担机制为参保人建立起一道安全网，确保一旦参保人发生疾病，保险支付大部分费用，从而减轻病人的经济负担，但就目前研究结果来看，并未一致发现理论上的完美预期。即使是同一国家的同一医疗保险制度，不同考察时点、不同考察对象所得结论亦不相同。医疗需求的变化是影响医疗负担的主要因素，一方面，由于医疗保险降低了医疗服务的边际价格，参保者对医疗服务的需求会增加（pauly，1968）；另一方面，医疗保险相当于为参保人转移了一笔收入，增加人们对高科技医疗服务的利用（Nyman，1999a）。这两方面因素引起的医疗需求增加使保险并不必然降低人们的医疗负担。

　　医疗保险对医疗需求的增加取决于医疗需求的价格弹性。大量研究发现，医疗需求价格弹性都在缺乏弹性的范围内，即在 $-1\sim0$ 之间（Rosett and Huang，1973；Manning et al.，1987；Shigeoka，2014）。其中，兰德健康保险实验的结论最具权威性，该实验通过随机分配保险计划排除了受试者的逆向选择，发现医疗消费的价格弹性只有 -0.2（Manning et al.，1987；Keeler and Rolph，1988）。这一结果表明，需方的过度需求对医疗支出的贡献有限。

　　越来越多的卫生经济学家认识到，在决定是否进入医疗市场时，需求方是主要决策者，一旦进入医疗市场，供给方就成了医疗需求的重要决策力量（维克托·R.福克斯，2012）。供给诱导需求理论自提出以来，经过 20 多年的争论基本就定义达成共识：如果患者拥有和医生一样的知识和信息，他给自己确定的诊疗类型和数量就是最优的医疗消费，如果医生给病人的建议超过了这个标准，就意味着存在供给诱导需求。发达国家健康维护组织的兴起限制了医生的行为，但是，在发展中国家，供给诱导需求是决定医疗花费的重要因素（Strauss and Thomas，1998）。当医疗保险使消费者不再支付全部医疗费用时，医疗服务供给方更有动力诱导消费者过度消费，而当对医生的服务采取按项目付费时，医生的诱导行为会更严重（Evans，1974）。通过调节价格或提供昂贵医疗服务，医疗供给方一方面获得了医疗保险的高补偿，另一方面获得了病人的高自付费用（Gertler and Solon，2002）。

医疗保险并不是作为一个独立的系统发挥作用，其能否成功解决参保人医疗负担同样依赖于其存在的医疗生态环境，特别是卫生体系的制度安排，而且还受到社会政治因素的影响，如人口结构的变化、疾病谱的变化等。正是由于医疗保险所依赖的这些因素不断变化，所以各国的医疗保险都处在不断改革之中。

第一节　医疗保险对需求方的激励

一、理论背景

医疗保险除了能缓解疾病带来的损失，还能作为投资品增加可利用的时间，从而更多地参与市场与非市场的活动，带来更多的收入和非市场收益（Grossman，1972）。从个人的角度看，由健康需求引出的医疗保险需求是一种必需品（Getzen，2000；王文娟、曹向阳，2016）。医疗保险降低了医疗服务的价格，相当于为参保者转移了一部分收入，理性的消费者会增加对医疗服务的消费（Arrow，1963）。

因价格降低而增加医疗消费的现象被称为道德风险。这种类型的道德风险其实指的是事后道德风险，与之相对应的为事前道德风险，指人们一旦购买医疗保险，对疾病预防或者选择健康生活方式的积极性就会下降，是疾病发生之前参保人的行为方式；而事后道德风险（简称道德风险）代表疾病发生之后消费者的行为方式。之前关于医疗保险市场道德风险的阐释均从道德或伦理角度出发，认为是参保人的一种败德行为。Pauly首次从经济学的角度分析，认为道德风险是人们参加医疗保险后，面对更低的医疗服务价格的一种理性反应，是一种经济行为，与道德无关。

Pauly（1968）从价格弹性的角度讨论了医疗保险如何引发道德风险。笔者假设个人的医疗需求曲线确定，医疗服务边际成本为常数。没有医疗保险时，患者对医疗服务的边际支付意愿等于边际成本，资源配置达到最优。购买医疗保险后医疗服务的价格降低（无共付时医疗服务的价格为0），医疗需求量会沿着需求曲线下移，因此，医疗服务的边际成本超过患者的边际支付意愿，造成效率损失。也就是说，道德风险的大小取决于医疗需求的价格弹性，如果医疗需求无弹性，即使医疗保险降低了医疗服务的价格，患者也不会增加医疗服务的消费，发生道德风险。而医疗需求是有价格弹性的，因此，道德风险引起的福利损失可能远远超过医疗保险分散风险带来的收益，私人保险市场在这种情况下不会提供医疗保险，而政府通过税收筹集费用的强制性公共医疗保险政策只会导致资源配置的无效率。

Feldstein（1973）进一步分析认为，医疗保险促进医疗需求，医疗需求同样会促进保险需求，前者与医疗需求价格弹性有关，后者与医疗保健市场的特殊结构有关，即供给者作为医疗保健市场的重要参与者会对因保险而增加的医疗需求有所反应，增加的医疗需求使医院的"机会轨迹"或"预算约束"放松，增加医疗服务的供给量，同时提高医疗服务质量，质量的提高导致成本增加从而导致医疗服务价格提高。更高的医疗服务价格会进一步刺激更多的保险需求。因此，对整个社会而言，保险需求和医疗服务价格相互作用螺旋上升。保险需求和医疗服务价格这种持续作用就形成了一种"囚徒困境"，若每个人都控制医疗需求，防止道德风险的发生，则人人均会从中受益，包括减缓保费和医疗服务价格的上涨，然而医疗需求增加的收益归自己，成本由社会共同承担，因此人人都有动力增加医疗需求（Pauly，1968），导致资源配置的非最优。Feldstein（1973）估计了美国私人医疗保险过度供给导致的福利损失，通过对比减小价格扭曲带来的收益和减少保险带来的风险损失，将保险平均共付率由0.33提高到0.5

或 0.67，每年大约产生 40 亿美元的净福利收益。

另有学者以 Pauly 的理论为基础，通过实证分析比较医疗保险中道德风险导致的损失和风险规避带来的收益，发现前者的作用要大于后者（Feldman and Dowd，1991；Manning and Marquis，1996）。道德风险导致的效率损失如此之大，以至于很多人不愿意购买医疗保险（Pauly，1968）。

但是，在现实中仍旧有各种类型的医疗保险受到人们的青睐。de Meza（1983）对上述增加的医疗需求都是道德风险的论断提出了质疑。若排除道德风险的发生，保险是不是仍旧会增加医疗需求？笔者假设保险以固定总额现金的形式赔付参保病人，这样完全排除了道德风险的影响。通过两期模型分析了消费者在有无保险时对医疗服务的最优需求，无保险时人们会通过预防性储蓄或借贷支付医疗支出，只有保险的赔付额大于预防性储蓄或借贷时均衡才会实现，这样保险的作用相当于为参保者提供了一笔收入，增加患者对医疗服务的需求，医疗需求增加的同时患者的支付意愿也在上升，这种环境下医疗需求的增加并非效率损失，是潜在医疗需求转化为有效需求的过程。所以 Pauly 认为，因保险而增加的医疗需求是效率损失，高估了道德风险的作用，造成了对医疗保险价值的低估。

在 de Meza 的基础上，Nyman（1999b）重新评估了医疗保险对医疗需求的增加效应，认为医疗保险的价格效应和收入效应都会增加医疗需求，但是增加的医疗需求并不全是福利损失。医疗保险补偿可以看作是健康者对生病者的资金转移，医保患者获得了额外收入，对医疗服务的支付意愿提高，因此增加的医疗需求是有效率的。价格效应导致的医疗需求增加才是真正意义上的道德风险，会带来社会福利损失。笔者认为价格效应导致的福利损失有限，因此医疗保险的总收益大于总损失，之前建立在 Pauly 理论上的实证分析，得出医疗保险损失大于收益的结论是不准确的。从全新的视角出发，笔者重新评估了医疗保险的价值，发现价格效应导致的无效率占 1/3 左右，综合而言，医疗保险的收益大于损失（Nyman，2004）。

综上观点，考虑医疗保险对医疗需求的激励作用时需考虑以下 3 方面内容。

第一，在分析因保险而增加的医疗需求时，需区分价格效应和收入效应，价格效应增加的医疗消费是消费者的过度消费，是真正的道德风险，导致福利损失。而收入效应导致的医疗需求增加是潜在有效需求的释放，是参保者福利的提升。因此，医疗需求的价格弹性是衡量道德风险严重程度的重要指标。

第二，在价格效应和收入效应的共同作用下，医疗保险使消费者的医疗服务需求曲线向外旋转，形成一条比初始需求曲线更缺乏弹性的新的需求曲线（见图2-1）。假设医疗服务供给曲线完全无弹性，保险的作用仅仅是导致医疗需求增加，但对整个市场而言，医疗服务的供给曲线通常是向右上方倾斜的，此时保险既增加了医疗服务数量又提高了医疗服务价格。

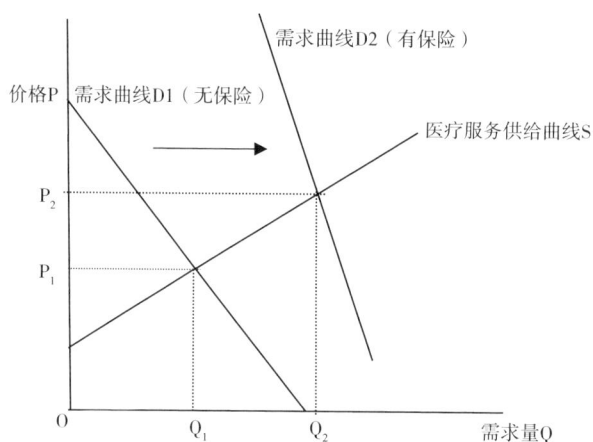

图2-1　医疗保险对医疗需求和医疗价格的影响

资料来源：作者自绘。

第三，在医疗服务数量增加和医疗服务价格上升的共同作用下，参保消费者的总医疗支出要比无保险的消费者多，进而可能有更多的个人自付医疗支出，即更高的医疗负担。因此，医疗需求的增加是导致医疗保险未降低患者医疗负担的重要因素之一。

除了数量的增加，医疗保险对需求方的激励还表现在增加投保人对高新医疗服务的消费（Nyman，1999a），削弱投保人寻找质优价廉的医院和医生的动力（Arrow，1963）。表面来看，医疗保险的共付率对各种医疗服务都是相同的，但是各项医疗服务间的相对价格导致实际共付率的不同。如一项高新技术服务，其疗效是普通医疗技术服务的 3 倍，但成本仅为普通服务的 1.5 倍，这样两者的实际受益与成本比为 2∶1，即实际价格比为 1∶2，相同的共付率 C，使得两者的实际共付率为 C∶2C，这样理性的消费者会偏好选择实际共付率更低的高新医疗服务。另外，当消费者距离起付线更近时，成功超过起付线享受到保险补偿的一种方法是提高医疗支出，而高新医疗服务的消费为此提供了可选择的路径（Zweifel and Manning，2000）。

二、实验性证据

自医疗保险增加医疗需求理论提出以来，相关实证研究为这一论断提供了大量的支持证据，这些研究多利用医疗保险实验或自然实验分析保险的引入或保险慷慨程度的变化对参保患者医疗服务利用的影响。大多数研究发现，保险增加了医疗需求，具体而言，随着自付比例或免赔额度降低，医疗服务的需求量增加，随着保险慷慨程度的降低医疗需求相应减少。

相对于自然实验，健康保险实验具有天然的优势，其通过随机分配的方式将不同的保险计划分配到不同的个人或家庭，排除了健康状况、收入及其他不可观测的因素造成的自选择问题。1974—1977 年开展的兰德健康保险实验无疑是检验医疗保险影响需求的有力证据。该实验由美国联邦政府资助，其设计过程大体如下：在美国的 6 个地区（4 个城市地区和 2 个农村地区）随机选取了 2756 个家庭，其中排除了年收入超过 2500 美元（1973 年值）、参加社会残疾保障福利项目（SSI/DI）、参加老年医疗保险计划的家庭，最终样本 5809 人，使用固定选择模型（Finite Seltction Model）

将 14 种按服务项目付费的医疗保险计划随机分配给不同的家庭。按服务项目付费方案的设计包括以下内容：共付比例分别为 0、5%、25%、95%，最高自付限额为家庭年收入的 5%、10%、15%，自付费用超过 1000 美元时，医疗支出全部由保险计划支付；以上共付比例和最高自付限额组合，外加一个门诊共付率为 95%，最高自付限额为每年 150 美元/人或 450 美元/户，住院免费项目和一个住院、急诊共付率 25%，牙科、精神服务急诊共付率 50% 的项目共形成 14 种保险计划。研究发现，保险对医疗需求有显著影响，成本分担保险计划组的消费者比免费保险计划组成员的门诊使用量、住院次数均减少了 1/3（Keeler and Rolph，1983）。具体表现为：免费医疗计划的消费者，其就诊可能性和医疗支出比 95% 共付率保险计划的消费者分别高出 28% 和 46%，当自付比例下降时，消费者消费的医疗服务数量增加；当自付比例提高时，医疗支出又随之减少（Manning et al.，1987）。从总体健康状况、卫生习惯、生理健康、死亡风险等健康衡量指标来看，免费医疗与个人承担部分费用的患者相比，健康水平并无显著差异（Brook et al.，1983；Valdez et al.，1985），说明道德风险的存在并造成了资源的浪费，相对于共付率为 95% 的计划，免费医疗计划造成了 37 亿~60 亿美元的损失（Manning et al.，1987）。

利用自然实验的研究多借助医疗保险政策的一次外生性变化，利用不受政策影响或受政策影响很小的人群作为参照，探究受益人对保险政策的反应。

Card 等（2008）考察了老年医疗保险计划对消费者医疗服务利用的影响，发现老年医疗保险计划的实施极大地影响了参保群体的医疗消费行为，所有参保者都显著增加了医疗服务的使用。对于保障程度不同的群体来说，又表现出不同的消费行为，之前没有医疗保险的老年人增加的主要是一些便宜的医疗服务，如常规医生访问；具有补充医疗保险的老年医疗保险受益人，则消费了更多相对昂贵的服务项目，如心脏搭桥手术、关节置换手术等。Keane 和 Stavrunova（2016）进一步对老年医疗保险补充医疗保险对参保者的激励作用进行评估，发现因保险慷慨程度的提高造成的道德风险极为严重，在其他条件相同时，有补充医疗保险的老人比仅有老年医疗保险的老人平均多支出 1615 美元，医疗支出增加了 24%。笔者进一步测算，如果强制所有老年人参加补充医疗保险，则因参保人道德风险产生的损失大约为人均 740 美元。对老年医疗保险计划的研究也发现，政策实施的第 1 年，显著提高了参保人员预防保健、初级诊疗、住院和处方药等医疗服务的利用率（Finkelstein et al.，2012）。

日本在 1961 年全民医保覆盖前，经历了一个为期 4 年的加速推进期，Kondo 和 Shigeoka（2013）借助不同县受推进政策影响的差异，即原来医保覆盖率高的县受推进政策影响小，原来医保覆盖率低的县受政策影响大，研究发现受政策影响大的县，无论住院次数、住院天数还是门诊就诊量均高于受政策影响小的县，说明医疗保险增加了医疗服务的使用，并且这一影响在全民医保实现后仍旧存在。对于成本分担更低的高龄者医疗保险的研究也发现，自付比例降低后，受益老人使用了更多的门诊及住院服务，而医疗消费的增加并没有改善老人的自评健康状况和降低死亡率。笔者进一步估计发现，由医疗负担降低带来的收益小于政策的运行成本，预示更加慷慨的保险政策反而减少社会福利（Shigeoka，2014）。

Cheng 和 Chiang（1997）研究了我国台湾地区 1995 年引入全民健康保险后，医疗服务需求的变化情况。由于全民健康保险降低了门诊和住院的自付金额和比例，1995 年之前无保险人群的就医概率在实施全民健康保险后增加了 1 倍。单独对老人的考察同样发现，全民健康保险增加了医疗服务的使用（Chen et al.，2007；Chang，2012），但老人的自评健康状况并没有得到相应改善（Chen et al.，2007）。

关于我国新农合的研究，除了 Lei 和 Lin（2009）的研究外，其他研究均发现新农合改善了农民有病不医的情况，增加了农民对正规医疗服务的使用（Wagstaff et al.，2009；程令国、张晔，2012；Cheng et al.，2015），且随着保障程度的提高，使用的医疗服务也更多（Hou et al.，2014）。

相反，当保险政策要求个人分担更多成本时，人们会减少医疗服务的利用。某大型公司为节约成本，将原来为职工提供免费医疗的保险计划替换为高起付线的成本分担计划，Brot-Goldberg 等（2017）利用这一自然实验，研究保险慷慨程度的变化对消费者医疗需求的影响，结果发现雇员对保险慷慨程度减小的反应是降低医疗支出，平均来说降低的医疗支出相当于公司总医疗费用的 11.8%~13.8%。笔者进一步研究发现，医疗支出减少的主要原因是医疗消费的减少，但这种减少的医疗消费既包括对健康具有高价值的医疗服务，也包括低价值的医疗服务，对社会福利的影响具有不确定性。类似的研究还包括 Haviland 等（2016）和 Lo Sasso 等（2010），他们均发现随着自付比例的提高，医疗服务需求减少。关于我国城职保的研究也支持了上述论断。黄枫和甘犁（2012）利用劳保制度向城镇职工基本医疗保险改革这一"准社会实验"，考察了医疗保险自付比例提高对医疗支出及个人健康的影响。以城市无保险人群为参照组，以劳保医疗转到城职保的人群为实验组，通过差分模型，过滤掉供给方的影响后，发现共付比例提高后参保者的总门诊医疗支出（因为保险改革主要是增加了门诊的自付比例）明显下降，降幅为 28.6%~30.6%，而对健康并没有明显的负影响。

大量研究发现，参加医疗保险后人们增加了对正规医疗机构及大医院的利用，如相对于缺乏保险者，有医疗保险的产妇更多地选择到正规医院分娩（Nketiah-Amponsah and Arthur，2013）。中国台湾地区全民健康保险制度提高了农村产妇到大医院产检的概率（chen et al.，2008）。关于菲律宾的研究也得到了同样的结论（Gouda et al.，2016）。关于我国大陆地区的研究发现，城市中有医疗保险的患者选择市级以上医疗机构就诊的概率明显高于没有医疗保险的患者（王俊等，2008）。在农村，新农合促使许多之前倾向于到村诊所和乡镇卫生院看病的农村居民，到医疗条件更好的县市级医疗机构乃至省级或者专业性较强的医院就诊（Brown et al.，2009；Wagstaff et al.，2009）。对高质量医疗资源的追求和消费，增加了患者发生高额医疗支出的可能，医保的这种激励作用可能是中国医疗保险未能有效降低患者医疗负担的原因之一（Wagstaff and Lindelow，2008）。

第二节　医疗供给方道德风险

一、供给诱导需求理论

20 世纪 70 年代之前，医疗保险行业的经济政策都是以需求方为中心，通过设置不同的成本分担机制抑制需求方的激励。直到 Roemer 等在他们的研究中发现，综合性医院每千人床位数和每千人住院天数之间呈正相关关系（Shain and Roemer，1959；Roemer，1961），供给方的行为才引起经济学家的广泛关注。

医疗行业的重要特征之一是信息不对称，在任何情况下，医生都比患者拥有更多的医学知识。由于对有关诊断和治疗方式选择上的相对无知，病人愿意相信医生并将治疗的决策权交给医生，由此信息不对称问题就同委托—代理问题联系在一起。医生一方面作为患者利益的代理人，另一方面作为医疗服务的供给方，利益不一致导致"不完美代理人"的出现。Pauly（1980）给出了"完美代理人"的定义：作为"完美代理人"的医生为患者提供的医疗服务的数量和种类，与跟医生具有相同信息和知识的患者为自己做出的决定一样。而"不完美代理人"指医生对病人医疗需求施加影响时并非出于病人利益最大化考虑（Mcguire，2000）。早期医疗服务市场价格刚性的研究为竞争性市场中的供给诱导需求提供了一个合乎逻辑的解释。一些学者（Auster and Oaxaca，1981；Green，1978；Stano et al.，1985）认为正是由于价格刚性，在因供给增加导致供给过剩时，医生诱导患者使用更多的医疗服务以消化过剩的供给。关于供给诱导需求的假说和模型大体有以下几类。

目标收入假说。该假说认为供给诱导需求的原因是医生为了维持目标收入。当医生数量增加，单个医生面临的需求减少时，或因价格管制不能达到目标收入时，医生会通过提高价格或更加努力工作实现目标收入（Feldstein，1970；Evans，1974）。Rizzo 和 Zeckhauser（2003）的研究为该假说提供了支持证据，他们发现，收入低于其满意收入水平的医生，其收入增长速度要快于全体医生收入增长速度的平均值。目标收入假说虽然非常极端，但对于处在贫困状态医生的行为有一定解释力。总体而言，这种过度关注目标收入而不考虑职业未来的做法使许多经济学家质疑该假说的合理性。

需求移动假说。该假说认为医生有能力改变市场的需求曲线，具体为当医生数量增加后，消费者的医疗服务需求量并非按照传统的需求—供给框架，沿着需求曲线向下移动到达与新的供给曲线相交的均衡点，而是向右上方移动形成新的需求曲线，在新的均衡下，医疗服务的数量和价格均增加。Fuchs（1978）通过实证分析为假说提供了证据，并且排除了医疗服务质量提高带来这一结果的可能性。但是该假说没有对需求曲线移动的机制给予解释，也没有说明供给诱导需求为何不能无限制进行下去。

以上两种假说认为医生以收入为追求目标，供给诱导需求不存在成本问题，这样医生的诱导行为可以无限制进行下去。而在现实中，医生的供给诱导需求总是在某一点结束，也就是说，供给诱导需求可能产生某种成本，且这种成本随着诱导量不断增加，当达到某种程度时，诱导的成本大于收益，供给诱导需求停止。利润最大化模型和效用最大化模型完善了以上假说的缺陷，在模型中加入供给诱导需求的成本，丰富了供给诱导需求理论。

利润最大化模型将医生比作市场上的厂商，其从业的目的是实现利润最大化。供给诱导需求能否产生取决于医生的垄断能力，一方面，他们希望通过供给诱导需求增加收益；另一方面，他们也意识到供给诱导需求存在着时间成本、心理成本和丧失名誉的风险成本。Stano（1987）将供给诱导需求比作厂商的广告决策，当产品销售价格大于边际成本时，具有垄断势力的医生通过诱导（普通厂商通过广告）的方式吸引消费者多消费以实现利润最大化，利润最大化的均衡解为产品需求价格弹性等于供给诱导需求的边际收益。当产品需求价格弹性大于供给诱导需求的边际收益时，利润最大化要求供给诱导需求量为零，因此该模型预测在竞争性的市场中医疗需求价格弹性很大，医生很少或不会诱导，而在垄断的市场中，供给诱导需求才会发生，所以医生供给数量的增加减少了供给诱导需求。但是，竞争加剧后单个医生的需求弹性是否变大，理论界观点不一。

Evans（1974）建立了效用最大化模型，该模型认为医生的行为是追求效用最大化，其效用函数为 $U=U(Y, W, D)$。其中，Y 是收入，具有正效用；W 为工作量，具有负效用，$W=R \times f(P, D)$，由该地区的人口和医生比 R 及消费者的需求 $f(P, D)$ 共同决定；D 为供给诱导需求程度。医生的选择是在各种约束下，通过调整医疗服务价格、工作量和供给诱导需求实现效用最大化。模型认为供给诱导需求使医生产生不愉快感，这就限制了医生诱导需求的意愿，因此可以更好地解释为什么医生会满足于某个特定的收入，但是当医生数量增加时医生可以通过提高价格或诱导需求维持均衡，这样诱导的量可能增加也可能减少，产生不明确的结果。

鉴于利润最大化模型和目标收入假说在实际中的解释力有限，McGuire 和 Pauly（1991）吸收了 Evans 和 Fuchs 的思想，将利润最大化和目标收入行为视为两种极端，提出了更具有一般性的效用最大化模型，用以解释外生费用改变时医生的行为。模型认为不存在目标收入时，医生以利润最大化为目标；当目标收入很强时，医生追求目标收入。医生的效用来自 3 部分：净收入、休闲和供给诱导需求。$U=U(\Pi, L, I)$，其中 $U\Pi>0$，$UL>0$，$UI<0$；$U\Pi\Pi<0$，$ULL<0$，$UII<0$。$\Pi= mX(I)$，m 为提供每一单位医疗服务的利润率，$X(I)$ 为包括诱导量在内的医疗服务需求总量；$L=24-tX(I)$，t 为提供某种医疗服务的平均时间。医生的决策是在时间约束下，配置 Π，L，I 的数量实现效用最大化。当利润率降低时（由 m 减少

为 m'），诱导量从 I_1 增加到 I_2（见图 2-2），可分解为收入效应 I_1I_1' 和替代效用 $I_1'I_2$。由此可见，面对更激烈的竞争或更低的医疗服务利润率时，追求目标收入会增加诱导（$I_1 \to I_1'$），追求利润最大化目标可能会减少诱导（$I_1' \to I_2$）。

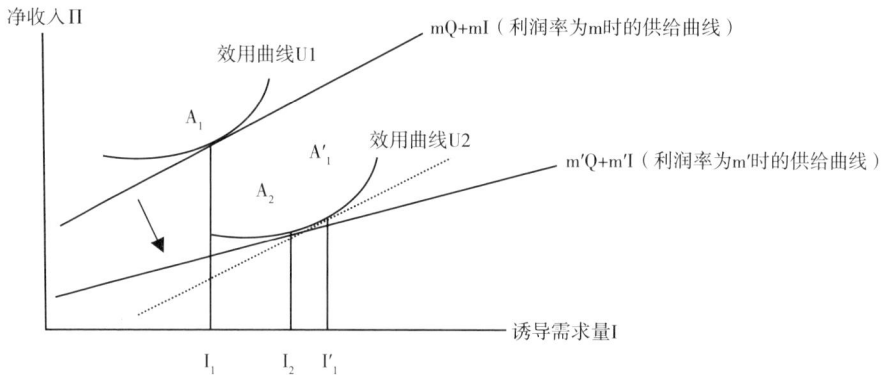

图2-2 供给诱导需求模型

资料来源：Physician Response to Fee Changes with Multiple Payers.

之后的模型多以 McGuire 和 Pauly 的模型为基础，进行了不同程度的修正和扩展（Gruber and Owings，1996；McGuire，2000），以便更好地解释现实中医生对经济激励的反应。

虽然供给诱导需求在概念上达成了共识，理论上也取得了一定进步，但在识别上却存在大量困难。正如 Evans（1974）所言，人人都知道发达国家的医生在决定医疗服务的数量和种类方面具有重要影响力。但是，医生提供的服务怎样才是适当的，甚至医生能否根据医学知识为病人开出科学的处方都是个问题[①]，所以供给诱导需求是否存在尚存在争议。

对于供给诱导需求的评价常常是负面的，因为过量的医疗服务利用可能对健康产生危害，造成有限医疗资源的浪费。但也有观点认为，当医疗服务受到配给时，供给诱导需求可能弥补了医疗需求的不足，提高了患者的可及性。

---

① 除了信息不对称，医疗市场还存在信息不完全，即医生并不知道自己提供的医疗服务的实际效率，医生行为的差异即为医生信息不完全的结果。

二、我国公立医院过度医疗的原因

（一）公立医院的垄断地位

供给诱导需求理论说明，医生有能力和动机诱导患者多消费医疗服务，但是，现实中医生的诱导行为是否发生，主要取决于一国的医疗市场结构。如果该市场是充分竞争并具有良好的信誉披露机制，医生的诱导行为就会受到显著约束；相反，如果医疗机构具有垄断地位，医生的诱导行为就会被强化。

如前文所述，市场经济中医生或医疗机构或多或少具有一定的自然垄断力量，这是行业特征，各国皆然。但是在我国，由于城乡分割、地区发展不均衡导致医疗资源配置不均衡，使得大城市的大型公立医院具有更强的自然垄断地位。此外，我国的公立医疗机构还具有一种特殊的行政垄断地位。

中华人民共和国成立以来，公立医院一直作为国家事业单位存在，其发展和人事任免都取决于行政部门，医院的管理层本质上也是行政人员，其员工具有事业编制，同时医院本身也具有行政等级（朱恒鹏等，2014）。卫生部门一方面办医院，另一方面又负责监督医院，这种管办不分的医疗体制使得卫生部门不但不能很好地监督管理医院，反而形成了对公立医院的维护，在控制社会资本进入医疗行业中设置了壁垒，造就了公立医院的行政垄断地位。

因为公立医院的"公家人"身份，自计划经济时期以来，公立医院无一例外成了我国公共医疗保险（公费医疗和劳保制度）的定点医疗机构，间接[①]接受政府财政补助。我国三大基本医疗保险制度建立后沿袭了旧体制，只要公立医院无大的过错，医保定点资格基本成为终身制。虽然各种

---

① 两类医疗保险中门诊住院所需的诊疗、手术、住院费用都由单位负担，由于实施公费医疗的国家机关和事业单位大多没有业务收入，所以筹资主要来源于国家财政，国有企业虽有业务收入，但由于统收统支，资金的最终来源实质上还是依赖财政。

政策文件一再强调，私立医院具有平等和公立医院获取医保定点的资格，但由于管办不分使私立医疗机构成为医保定点困难重重[①]。在医保全民覆盖、医保付费成为医院主要收入来源的今天，医保定点资格无疑强化了公立医院的行政垄断地位。医疗保险为节约医疗资源，引导患者合理就诊，规定本地医院就诊的报销比例高于外地医院，这种政策的出发点是好的，却无形中强化了本地医院的行政垄断地位。

医院本身的自然垄断，加上行政垄断，使我国各级公立医院具有强大的垄断力量。在药品市场上，这种垄断力量尤为直观，对于药企，公立医院是垄断买方；对于患者，公立医院又是垄断卖方。

（二）对公立医院存在不当管制

如果仅仅是公立医院具有垄断地位，政府能够行使好监管职责，也并不一定导致过度医疗。恰恰是对公立医院存在不当管制，助推了过度医疗。

1.医疗服务价格管制

在没有价格管制时，具有垄断力量的公立医院会将其提供的医疗服务的价格提高到边际成本之上从而获取超额垄断利润。为实现利润最大化，医生或医院还会通过价格歧视对不同支付意愿或不同支付能力的消费者收取不同的费用，即对支付意愿或支付能力高的消费者收取高价格，对支付意愿低或支付能力低的消费者收取低价格。在这种情况下，若非诊疗必须，医生既不会用药也不会检查，更不会过度用药、过度检查。

对提供单一产品和服务的具有垄断能力的企业进行价格管制可以降低相应产品或服务的价格，增加供给量，提高社会的福利水平。但是医院不同，其除了提供医疗服务，还为患者提供处方药和仪器检查，对医疗服务的价格管制会使医院将垄断能力延伸到本不具有垄断力量的药品

---

① 实地调研中，地方卫生部门官员坦言，私立医院以赚钱为目的，将医保定点资格给它们会加大政府的监管成本。

和检查项目上，通过捆绑销售的方法实现利润最大化（朱恒鹏，2007）。同时通过价格歧视获取垄断资金，如对富人和医保病人多用药，用好药，多检查，大检查。

对医疗服务价格的管制始于计划经济时期，当时采用政府定价的方式确定医疗服务价格，计算公式为：医疗服务价格＝成本－财政补贴。因为医生为国家事业单位人员，靠财政发工资，医院没有理由再收取过高的医疗服务费，所以医疗服务价格实际上定得较低（朱恒鹏，2010），财政补贴加上医疗服务收费不足以弥补医院运营成本。为体现公立医院的公益性，国家又分别在1958年、1960年、1972年3次大幅度下调基本医疗服务价格，导致医院服务越多，亏损越多。在压低医疗服务价格的同时，政策又规定医院可以在药品进购价的基础上加收15%作为药品加成收入，这一规定强化了医院依靠卖药、做检查赚钱的行为。药品本来是药企生产的整齐划一的产品，在市场经济下，医院和药店对于药品零售具有竞争关系，但是现行药品管理体制将处方药的处方权给了医院，所以造成医院在处方药品零售上的垄断权，使得医院既有过度用药的动机又有过度用药的能力。自此后，医院总收入中用药占比一路攀升，占到医院总收入的60%~90%，并逐渐成为医院收入的主要来源（朱恒鹏，2010）。

2.药品加价率和检查费定价管制

医疗服务价格被低估，使医院有过度用药、过度检查的动机，但是现实中，医院除了多用药和多检查之外，还存在另外一种形式的过度医疗，即用贵药、做大检查。按照微观经济学理论，需求与价格成反比，即价格越高，需求量越低。而我国医疗消费的这种反经济学现象，缘于政府部门对医院药品加价率管制和对检查不合理定价导致的医院行为扭曲。

药品加成的目的本来是用以弥补财政投入的不足，缓解医院的亏损，但加价率管制却诱导医院形成对高价药的偏好。在15%加价率限制下，药品价格越高，获得的净收益越多，例如，销售价格为100元的药品，医院可以获得15元的利润，而销售80元的药品，只有12元的收益。医院的行为扭曲产生了这样一种后果：药品能否进入医院，进而到达患者手中，取决于药品的价格，而非性能价格比。如果药品零售市场是竞争的，医院行为的扭曲也不会造成严重影响，而事实恰恰相反，公立医院拥有处方药的垄断权，而处方药的销售占国内整个药品零售额的80%以上（朱恒鹏，2007），所以公立医院实际上几乎控制了整个药品零售市场。对于药企，公立医院是垄断买方，为了迎合公立医院对高价药的偏好，通过各种方法[①]，使一批批低价药被淘汰出局，集好疗效与低价格于一身的青霉素的消失就是一个典型的代表。

检查费是指利用各种仪器设备为患者提供疾病诊断和治疗所收取的费用，其费用除了受工作人员的劳务成本和耗材成本影响外，主要取决于设备仪器的折旧速度。我国现行的定价方法对新仪器新设备采取快速折旧的方法，折旧期一般为5年，但实际上这些大型设备的使用年限可达到8~10年（孟庆跃，2002），这样就导致高新设备仪器检查的定价偏高，由此医院的利润也高。在这种情况下，价格引导资源配置的作用就得到充分体现，各医院争相购置大型、新型设备，行内人士形象地称之为"军备竞赛"。由于医疗行业的信息不对称，供给就产生了需求。

（三）第三方购买者职能缺位

供给方即使有过度医疗的能力和动力，这种行为能否成为现实还依赖医疗服务需求方。当需求方缺乏足够的力量控制供给方的行为时，过度医疗就有了实现的条件。医疗保险将参保人的保费集中，代表众多投保人的利益，成为医疗服务市场上强有力的购买者，能够运用各种手段控制医疗机构的行为，确保医疗服务的质量和数量。

---

① 当然，政策对药品市场的不当管制也导致了药企通过各种方法提高药价，但公立医院的买方垄断地位及其对高价药的偏好是诱使药企提高药品价格的重要因素之一。

中华人民共和国成立初期，我国医疗保障仅限于国家公职人员、国有企业职工，医疗需求方和供给方同为国家干部，具有平等的行政地位，财政被动为职工医疗消费买单。农村地区虽有合作医疗继续维持，但也仅限于为农民看病支付部分费用。需求方和供给方面对面地直接交易，不存在第三方问题。

随着市场化改革，覆盖国有企业职工的劳保医疗和覆盖农民的合作医疗制度迅速瓦解，城市大批人员和几乎全部的农民缺乏任何形式的医疗保障，患者以个人的形式出现在医疗服务市场，面对具有强大垄断地位的医院，毫无谈判能力。

新农合和城居保建立后，早期医疗保险的支付方式仅限于对病人花费的事后报销，并没有与医疗机构建立联系，之后医疗保险报销发展到直接与医院结算，但医保与医疗也只是简单的补偿关系，既没有起到引导医疗资源配置的作用，更没有做到约束供给方实现参保人利益最大化，其作用更像是一个专项筹款，专项划拨资金给公立医院的财政机构。2018 年国家医疗保障局成立，正式以第三方购买者的身份管理社会医疗保险。

三、供给方道德风险实证

供给诱导需求理论论证了医生具备诱导需求的能力和动机，但更为重要的问题是他们是否真正实施了诱导需求。根据理论，医生会对经济利益有所反应，即当经济利益出现威胁时，医生会通过诱导需求维持一定目标，所以相应的实证研究多以医生利益下降时病人的医疗消费量变化来寻找医生诱导需求的证据。

早期关于供给诱导需求的研究主要关注医生数量的增加是否提高了病人的医疗服务利用率，这方面的开创性研究者是 Fuchs（1978）。笔者考察了 1963 年和 1970 年美国 22 个地区外科医生数量的增加对手术率的影响，为排除内生性，即手术需求高的地区更容易吸引外科医生，笔者将外科医生数量对影响外科医生分布的因素回归得到预测的外科医生数量，然后进行两阶段最小二乘估计，发现医生数量和人口比对手术需求的影响为正，说明供给诱导需求存在，笔者估计外科医生和人口比每增加10%，手术率增加3%。Gruber和Owing（1996）研究了1970—1982年美国生育率降低对妇产科医生行为的影响，结果发现面对生育率降低导致的收入减少，他们更多建议产妇剖宫产，生育率降低10%，剖宫产的可能性增加0.97%。虽然影响作用很小，但说明供给诱导需求在一定程度上存在。

发达经济体医生支付方式改革为供给诱导需求的验证提供了新的素材。Rice（1983）研究了美国科罗拉多州老年医疗保险补偿水平变化的影响，新的补偿政策使一些医生或服务项目的补偿率降低。笔者发现补偿率与患者的医疗利用量成反比，补偿率的降低增加了高强度医疗服务、外科医疗服务及辅助检查的数量。Yip（1998）对纽约和华盛顿的研究同样发现，受老年医疗保险控费影响，收入减少使更多的医生为病人实施主动脉冠状动脉分流手术。笔者进一步估计，胸外科医生通过增加手术数量和强度弥补了收入损失的70%。为解决剖宫产及冠状动脉分流等大型手术危险系数高、医生诱导需求空间有限导致结果被低估的问题，Shigeoka和Fushimi（2014）选用新生儿重症监护人群作为研究对象，考察日本预付制改革对医生行为的影响，实证结果发现，实行预付制后医生通过操纵新生患儿体重报告，增加了新生儿重症监护的使用天数。笔者估算，医院因延长重症监护天数使收入提高了10.2%。由于近年来发达国家多采用了医疗管理制度，一方面健康管理组织对医生行为的监管日趋严格，另一方面医生更多地作为承保方的代理人参与成本分担，实际上起到控制患者医疗需求的作用。后续关于发达国家的实证研究较少发现供给诱导需求的存在。

但是，在发展中国家，供给诱导需求是决定医疗花费的一项重要因素（Strauss and Thomas，1998）。在按服务项目收费的医疗卫生体系中，医生的诱导行为更为严重（Evans，1974）。总体而言，医生提供的服务要比按人头付费提供得多（Nassiri and Rochaix，2006）。

国内关于供方诱导需求的讨论较多，但由于进行检验需要严格的数据，大多数是从理论角度对现象进行分析解释（朱生伟，2006；林闽钢、李楠，2008；金晶，2011）。王文娟和曹向阳（2016）将医生收入作为供给诱导需求的代理变量，发现供给诱导需求是导致我国医疗费用上涨的一个重要原因。理论上就供给诱导需求的成因给予了分析，实践中供给诱导需求有多种不同的形式，在我国主要表现为"过度检查""过度用药""大检查""用贵药"等行为，是造成广受诟病的"看病贵"问题的重要原因之一。

国务院发展研究中心课题组（2005）的研究报告指出，影响我国医疗费用增长的一个至关重要的因素是医疗服务机构及从业人员基于牟利动机提供过多服务，比如提供不必要的检查和治疗，向患者兜售药品牟利。这种现象普遍存在于农村各级医疗机构，如一项针对山东地区县级医院的研究发现，对于阑尾炎治疗中，其医疗支出中有 18.47% 是不必要的服务和药物支出；在肺炎治疗中，有 19.14% 的医疗服务是不必要的。其中不合理用药问题严重，阑尾炎患者中 38.49% 的药费为非必需支出，肺炎患者中非必需药费支出占 34.21%（Liu and Mills，1999）。对重庆和安徽 4 个县 8 个乡镇卫生院的门诊处方抽样发现，平均每张处方用药数为 4.22 种，而世界卫生组织对 11 个亚非国家社区的调查表明平均每张处方用药低于 2.2 种（张翔等，2003）。村医中"乱开药"问题同样严重，一项针对山东省 30 个村诊所的调查发现，每张处方的平均药数为 3.8 种，而一项对 17 个发展中国家的调查表明平均每张处方用药仅为 2.2 种。65.2% 的病人被使用了抗生素，61.2% 的病人被注射用药，分别高于乌兹别克斯坦同级别医疗机构处方的 43.1% 和 28.7%（Sun et al.，2009）。2007—2008 年对我国农村地区县医院和乡镇卫生服务中心的调研发现，43% 的肺炎患儿被使用了过多的抗生素，因抗生素的使用增加了患者家庭 18% 的医疗负担（Liang et al.，2011）。

当医疗保险使消费者不再支付全部医疗服务费用时，医疗服务供给方更有动力诱导消费者过度消费，通过调节价格或供给昂贵医疗服务，医疗供给方一方面获得了医疗保险的补偿，另一方面获得了病人的自付费用（Gertler and Solon，2002）。在我国，相对于职工保险和无保险者，公费医疗的产妇被采用了更多的剖宫产（Cai et al.，1998）。2010 年 10 月，中国社会科学院经济研究所公共政策研究中心对陕西省神木市全民免费医疗的调研发现，由于医保制定的剖宫产限额存在很大的利润空间，县医院的剖宫产率由免费医疗前的 13% 提升到 46%[①]。对我国农村地区的研究发现，医疗保险的覆盖加剧了医生的过度开药行为，医保患者被使用了更贵的药，并且比自费患者有更高的医疗支出，多出的花费基本抵消了医保对门诊就医的补偿（Dong et al.，1999；Sun et al.，2009）。虽然使用贵药，可能表示病人的可及性提高（也许没有医保时无力支付），但并没有证据表明贵药等于好药。

不合理的制度设计会增加过度医疗的可能性，当医生的收入与其提供的服务量有较强关联时，医生为病人多安排检查、多开药的动机就会非常强烈。运用模拟实验、完全排除需方因素对医保的反应后，获取药品加成收入激励医生为医保患者多开药、开贵药以及开对病情治疗非必需的药品，结果导致医保患者的医疗花费比非医保患者高了 43%（Lu，2014）。另外，医疗机构还通过控制高科技医疗服务与设施的利用、延长住院时间诱导病患需求，导致患者医疗保险报销后的自付医疗费用不减反增（宁满秀、刘进，2014）。Wagstaf（2009）用迂回的方式推断出医生对医保患者存在供给诱导需求，通过分析新农合试点后病人看病自付费用的变化情况，发现门诊、急诊、住院等的自付费用均增加，但诊疗程序较为固定的分娩，自付医疗费用却降低了。其他项目自付费用的上升一方面因为消费者增加了医疗消费，另一方面可能是医保患者被使用了过多的昂贵服务。新农合覆盖后镇中心卫生院采购更多昂贵医疗设备，为供给方诱导消费者

---

① 朱恒鹏、杨丽霞：《医改案例 | 神木：走向全民医保的探路者》，搜狐网，2017 年 5 月 3 日。

过度检查、过度治疗提供了证据。

另外，医疗保险促进了医疗机构的扩张，激励医疗机构的医疗创新及新技术的使用（Finkelstein，2007；Kondo and Shigeoka，2013；Freedman，2015；陈秋霖等，2016）。Finkelstein（2007）研究了老年医疗保险对美国医疗费用及医疗市场的长期影响，发现医疗保险激励医疗机构采用先进治疗技术，同时刺激医疗市场潜在的进入者克服高昂固定成本进入医疗市场。笔者估算，医疗保险的扩张使得美国 1965—1970 年医疗费用增加了 37%。Kondo 和 Shigeoka（2013）关于日本全民医保的研究也发现，伴随医保覆盖面的扩大，医疗机构不断增加病床数，在医疗机构及医护人员不增加的情况下，病床的增加意味着供给诱导需求的存在。陈秋霖等（2016）对我国的研究也发现，医保覆盖促进公立医院床位数和固定资产投资的增加，分别增加了 15% 和 30%。扩张及新技术的应用使医院特别是具有垄断能力的医院享受了公共医疗保险的大部分利益，而居民实际受益的范围和程度较为有限（Gertler and Solon，2002）。

第三节　影响医疗保险作用的其他因素

一、目标人群的覆盖

政府实施公共医疗保险的目的是在政府承担合理费用的基础上，为国民提供一个最低水平的卫生服务（Janet Currie，2004）。尽管很多社会医疗保险对目标人群的准入设置了严格的标准，但这种定位仍旧有不完善之处，一部分获得了保险的人实际上并不应该得到这些受益，而另一些有受益资格的人却被挡在医疗保险之外，非正式部门就业人数越多的国家，目标人群的覆盖越成为问题（Wagstaff，2010）。如越南的穷人保健基金在实施后的第四年（2006 年），目标人群的覆盖率仅为 60%，参保人群中的 20% 并不符合资格要求（Wagstaff，2010）；墨西哥的大众医疗保险中 57% 的参保人并不满足受益资格（Scott，2006）。

如果有资格的受益者未被纳入医疗保险范围，那么保险计划就没有达到帮助目标人群的目的。影响医疗保险覆盖率的因素主要包括：一是人们的虚荣心，一些人羞于申请保险，特别是针对穷人的项目，即使这些保险计划受益丰厚；二是人们时间不一致的偏好，参加保险的成本是即时的，而受益是未来的，具有时间不一致偏好的个人更倾向于拒绝保险，即使参加保险的成本很小，但未来的受益颇丰；三是人们在获得保险相关信息以及申请参加保险计划时会产生一些费用，这些费用可能会妨碍他们加入保险，例如对于贫困群体来说，少量的保费也会成为他们被保险覆盖的重要障碍；四是一些保险计划设置了严格的准入条件，需要申请人提供完备的资料证明准入资格，并且有明确的申请时间限制，许多申请人由于无法在规定时间内完成资格认定以致被医疗保险拒之门外；五是由于制度空白或监管不力助长了人们的逃避行为，例如在我国，《国务院关于建立城镇职工基本医疗保险制度的决定》规定，城镇所有用人单位及其职工都要参加基本医疗保险，然而截至 2008 年，大约 12.3% 的职工没有被职工基本医疗保险覆盖，人数超过 2100 万人（赵绍阳等，2013）。

二、医疗服务的可及性

医疗保险作用的发挥以医疗服务的可及性为前提。医疗服务的可及性是指医疗服务的可获得性，包括距离、费用、与医生打交道的方便程度。其中距离（主要由卫生资源配置决定）是影响医疗服务可及性的重要因素。世界卫生组织指出，与医疗服务的高收费相比，交通费用及因看病不便捷带来的收入损失是导致慢性病得不到彻底治疗的重要因素。卫生资源的不均衡配置问题在低收入国家尤为突出，如越南、印度的医疗资源主要集中在大城市，偏远农村地区即使有慷慨的保险计划，参保人却因距离太远无法受益（Axelson et al.，2009；Wagstaff，2010）。秘鲁针对穷人及非正式部门就业者的社会医疗保险十分慷慨，但因为定点公立医院缺医少药，医疗保险受益人不得不在非定点医疗机构自费治疗或购药，导致参保人的医疗负担并未降低（Bernal et al.，2017）。

缺乏医疗保险是导致医疗负担的重要因素，医疗保险对医疗服务覆盖不足或与医疗需求不匹配同样不能有效缓解医疗负担。越南最穷的人即使有医疗保险，但是因为医疗服务覆盖有限，单次住院的医疗及非医疗自付费用之和占到其当年非食物消费的 13% 之多（Sepehri，2005）。新加坡以前不允许病人在门诊治疗时使用医疗储蓄账户（Medisave），造成了慢性病人延迟治疗和未来更高的医疗支出（WHO，2008）。我国新农合以大病补偿为主，封进和李珍珍（2009）对新农合补偿模式的研究发现，只补偿住院并不能减轻农民的医疗负担，门诊和大病都补偿的模式效果更好。Wang等（2009）、Yip 和 Hsiao（2009）也论证新农合只保大病的补偿模式并不符合农村的需求实际。相对于大病，门诊慢性病有着更高的需求，新农合服务供给与需求的不匹配正是其未发挥风险分担作用的原因。

医疗服务供给方推诿或拒收医保病人是影响医疗可及性的又一因素。医保项目的低补偿、医保对医院垫付款的延迟支付常常成为医生或医院推诿医保病人的原因。如美国早期的老年医疗保险对医疗服务的定价常低于医生的边际成本，致使医生不愿意收治老年医疗保险患者。印度的医疗机构常常因国家健康保险计划的补偿金不能及时到位而推诿医保病人。再如，我国现行以医院为单位的总额预付制，导致年末医院拒收医保重症患者。以上都是因制度不合理导致参保人医疗服务可及性不足的典型代表。

另外，患者自身因素也会影响医疗服务的可及性。研究发现，参保人对医疗保障项目的了解程度影响其医疗服务利用的数量（刘宏等，2010），对医疗保障信息缺乏全面了解的个人，会过高地估计医疗项目的自付价格（Parente et al.，2005），从而自发减少医疗服务的消费，致使医疗服务利用量低于最优水平，这就损害了整个医疗保障制度的有效性。关于我国新农合的研究发现，农民对新农合信息的知晓度正向关系到他们下一年的参合意愿（Wang et al.，2008；彭现美，2008）。

三、人口结构和疾病谱系的变化

老年人被认为是医疗资源的高消费群体。如占美国总人口 15% 的 65 岁以上老人消费了总医疗卫生资源的 36%[1]，1963—1987 年 65 岁以上老人的年人均医疗费用增长了 8%，远高于其他年龄人群的 4.7%（Cutler and Meara，2004）。在匈牙利，领年薪者的平均保健开支比普通就业者高 2.5 倍，在斯洛文尼亚该比例高 2 倍（科尔奈、翁笙和，2003）。我国农村地区老年人（65 岁以上）占用的医疗资源份额比其人口高 6 个百分点（阎竣、陈玉萍，2010）。在宏观层面的研究结果也发现，60 岁以上老人占比越高的国家越容易发生灾难性医疗支出。

随着生活环境、生活方式和饮食结构的改变，人类疾病谱发生了根本性变化，慢性非传染病已成为威胁人类健康的头号杀手[2]。据《2017 年世界卫生统计》报告，2015 年全球 70% 的死亡与慢性非传染性疾病有关。即使是医疗体系较为发达的欧洲，也困扰于慢性病带来的挑战，死于慢性病的人数占欧洲死亡人数的 77%，每年用于治疗慢性病的支出约为 7000 亿欧元，占欧盟医疗支出的 70%~80%[3]。在我国，慢性病导致的死亡人数占全国总死亡人数的 86.6%，造成的疾病负担占总疾病负担的 70% 以上。疾病谱的这一变化，使得患者最需要的不是治疗服务，而是健康的管理、护理，甚至是情感照顾。另外，由于慢性病较难治愈的特点，早期的预防是解决慢性病的有效手段。当今，几乎所有的社会医疗保险制度都将保障的

---

[1] Centers For Medicare And Medicaid Services，2005.

[2] 除此之外，医学技术的发展使许多曾经致命的疾病转为慢性病，如 20 世纪 20 年代，I 型糖尿病患者存活不足数月，而现在可以通过长期注射胰岛素维持正常生活。

[3] 任彦：《头号"杀手"暴露欧盟医保制度弊端》，新华网，2015 年 1 月 6 日。

重点集中在疾病的治疗上，而医疗对健康的影响只占 8%，行为习惯的影响比例则高达 60%。所以重视疾病的早期预防将成为社会医疗保险制度改革的重要议题。从长远来看，疾病的早期预防也是解决个人医疗负担的有效途径。

第四节　小结

泰国在 2001 年开始全民覆盖计划时，人均卫生费用不足 200 美元，其通过按人头付费、住院总额预付、医疗服务单一购买方等措施，有效控制了供给方的行为，医保得以成功改革。但各国国情不同，文化传统不同，医疗保险制度本身及其所处的医疗生态环境也不相同，没有哪种政策能在各种环境下都行之有效，所以任何一国都不可能照搬别国的成功模式。只有详细剖析新农合具体问题所在，才能找到解决问题的途径，具体而言，新农合没能有效降低农民医疗负担的原因主要有以下 3 点。

第一，政策因素。新农合作为一种低水平、广覆盖的基本医疗保险制度，低筹资水平决定了低保障水平，但是各地的政策安排又进一步弱化了基金的保障能力。首先，各统筹地按照"以收定支、收支平衡、略有结余"的原则设计补偿方案，但实践中各地补偿力度普遍偏低，导致新农合基金大量结余。为此，卫生部发文要求新农合当年结余率不超过 15%，基金结余过多的县对大病患者实施二次补偿[①]。其次，新农合的初衷在于保大病，防止农民因病致贫、因病返贫，但是在筹资水平过低的情况下，不少地方为保证参合率，用个人或家庭医疗账户的形式吸引农户参合。个人账户不仅对居民医疗负担来说是杯水车薪，更分散了有限的医保基金，导致

---

① 卫生部：《卫生部关于规范新型农村合作医疗二次补偿的指导意见》。

对大病的保障力度不足，次均实际报销只有 20%~30%（张仲芳，2017）。最后，新农合以县为统筹单位，统筹层次低不满足医疗保险的大数法则，导致基金池过小，分散风险能力不足。

第二，需方因素。新农合通过价格效应和收入效应降低了医疗服务的价格，放松了参合者的预算约束，鼓励患者增加医疗服务的使用，如鼓励患者及时就医，增加门诊和住院的使用（Wagstaff et al.，2009；程令国、张晔，2012），提高预防性医疗服务利用率（Lei and Lin，2009），并且随保障程度的提高，医疗需求增加势必对冲新农合缓解医疗负担的作用（Hou et al.，2014）。

但是，对增加的医疗需求应当辩证看待，医保放松了参保人的预算约束，使原本没有能力获得某种医疗服务的人能够获得该医疗服务，通过改善健康的形式在一定程度上提高了部分参保人的福利水平。在我国农村地区，长期缺乏必要的医疗保障使农民因经济原因有病不医的情况较城市严重，住院患者因经济困难要求提前出院的比例也高于城市[①]，所以在新农合实施早期，增加的医疗需求更多的可能是有效需求。如果因新农合而增加的医疗服务是对农民有效医疗需求的满足，则新农合虽然没有降低农民医疗负担，仍旧改善了农民的福利。

第三，供方因素。供给方的因素一方面体现在通过诱导的方式增加医疗需求，另一方面体现在随着新农合的普及不断提高医疗价格。宁满秀和刘进（2014）利用福建省的调查数据发现，医院通过控制高科技医疗服务设施的使用和住院时间造成患者高医疗负担。封进等（2010）利用中国健康与营养调查数据，通过实证分析发现，新农合实施后县医院医疗价格上涨，且报销比例越高，价格上涨幅度越大，价格上涨幅度和报销比例基本相同。除了价格的上涨，伴随着医保扩大的还有公立医院的扩张（陈秋霖等，2016）。这一系列证据表明，医疗供给方通过诱导需求、提价获得了大

[①] 国家卫生计生委统计信息中心：《第五次国家卫生服务分析调查报告》，中国协和医科大学出版社，2015。

量新农合基金，公立医院床位数和固定资产投资的增加是供给方获益的最有力证据。

医疗保险通过价格和收入效应激励投保人增加医疗消费，寻求相对昂贵的高新技术服务和更高层级的医疗机构就诊。投保人的激励问题是医疗保险无法回避的问题，抑制需求方激励的主要措施无非是提高共付比例，如压缩受益包、设置高起付标准、降低报销比例等。根据微观经济学中的"理性人"假设，面对更高的共付率，为维持效用水平不变，患者会选择性价比更高的服务代替原来的服务（Bundorf，2016）。但是关于这方面的实证研究却不然，研究发现，面对更高的成本分担，病人的反应既不是积极寻找质优价廉的医生，也不是选用更多收益——成本好的服务，而是减少医疗服务的消费，其中既包括基础医疗服务，也包括对将来更有价值的服务，如预防保健（Baicker et al.，2015；Brot-Goldberg et al.，2017）。同时，过高的共付比例也失去了保险分担风险的价值，成为患者获取医疗服务的障碍，对穷人来说后果更加严重（科尔奈、翁笙和，2003）。所以对需求方的控制可能并不是一个好的决策。另外，医疗服务的需求价格也处在缺乏弹性的区间，对需求方的控制也并不是一个有效的策略。

由于天然的专业优势，医生在任何时候都比患者拥有更多关于疾病诊断治疗的知识，因此患者愿意相信医生并将治疗的选择权交给医生，所以，作为患者代理人的医生才是医疗服务使用的最终决策者（Zweifel and Manning，2000）。根据供给诱导需求理论和相应的实证研究，医生有诱导消费者多使用医疗服务的动机，当医疗服务市场存在垄断力量及市场化程度不完善时，医生的诱导行为会被强化，这点在我国医疗服务体系中有所体现。因此，从医疗保险的角度来说，如何有效激励医生的成本意识就成为解决个人医疗负担的关键，与需求方控制相比，空间也更大。按照医疗保险对供给方的历史演进，主流的控制供给方的方式主要包括总额控费和管理医疗。总额预付制通常是对一个地区的医疗支出确定一个上限，然而，在有限的费用下，病人会得到不够彻底的治疗，甚至在有些情况下，医院推诿重病患者，总额预付制最终导致对医疗服务量的配给和限制（富兰德等，2011）。对预付制的研究发现，虽然医疗服务的利用减少，但也带来了医疗质量的降低（Quast et al.，2008）。现在在西方国家盛行的管理式医疗，通过不同的付费机制（如按人头付费、按床日付费、按病种付费等）将成本转嫁给供给方，提高了医生的成本意识，达到规范供给方诊疗行为的目的。

我国的医疗改革在需求侧已取得了明显的进展，包括基本医疗保险基本实现全民覆盖、保障水平不断提高、国际通行的付费方式改革开始推行。但是供给侧的改革特别是公立医院的改革，却始终进展缓慢，对医疗体制出现的问题总是采用修修补补的方式予以暂时缓解。这些修补措施对医疗体制改革产生了新的路径依赖，对需求侧的改革也形成了制度性障碍，所以我国现阶段医疗改革的核心是医疗供给侧的改革。当然，我国医疗体制问题的形成有其历史根源性，并且涉及医疗财政和医疗产业，改革不能一蹴而就。

第三章 城乡医保并轨对农村居民医疗负担的影响

第一节 引言

沉重的医疗负担不仅阻碍医疗服务利用的公平性，更是导致贫困的重要原因①。因此，降低国民医疗负担，不仅体现以人为本的价值观，更成为许多国家反贫困的重要举措。医疗保险不仅可以提高人们的就医可及性（Nyman，1999a），更成为解决医疗负担的重要手段。目前，世界大多数国家均建立了自己的医疗保险体系，发展中国家正在陆续跟进。

为解决农村居民的医疗负担问题，我国于 2003 年在农村地区建立新型农村合作医疗制度，采取政府补贴保费的形式鼓励农民自愿参加。新农合推行同年，农村医疗救助制度开始试点，主要帮助贫困农民参加新农合，对医疗负担重的家庭给予必要救助。为进一步提高农村医疗保障水平，2012 年城乡居民大病保险制度实施，在基本医疗保险报销的基础上，对大病患者发生的高额医疗费用给予进一步补偿，政策规定实际支付比例不低于 50%。在扩大保障途径的同时，各级政府不断加大对农村医疗保险的投入力度，2018 年各级政府人均投入新农合 490 元，政策范围内住院报销比例达到 75%，门诊报销比例达到 50%，2019 年人均财政补助标准再增加 40 元。但是，相关的研究发现，新农合不仅无助于减轻农民医疗负担，降低大病支出、防止农民因病致贫的作用都也极为有限（Lei and Lin，2009；Wagstaff et al.，2009；Yi et al.，2009；Hou et al.，2014；Cheng et al.，2015）。

虽是针对全部农民，但是新农合的筹资和管理却是以县为单位，这

---

① 世界卫生组织 2010 年统计，全球约有 1.5 亿人发生灾难性医疗支出，其中 1 亿人因病致贫。原国务院扶贫开发领导小组办公室 2013 年统计，我国农村 7000 万贫困人口中，因病致贫的比例为 42%。

种筹资和管理方式不仅导致基金池小、分散风险能力不足，也导致各地新农合补偿苦乐不均。另外，在城市地区实施的针对城镇居民的城居保，无论在筹资水平还是补偿待遇上都明显高于新农合，且在降低居民医疗负担方面的作用好于新农合（刘国恩等，2011）。这种因地域、户籍不同而分割的医疗保险体系，既不利于疾病风险的有效分散，也不利于"人人享有基本医疗保健"目标的实现，城乡医保并轨并提高统筹层次势在必行。2009年，《中共中央　国务院关于深化医药卫生体制改革的意见》发布，明确规定中央统一制定基本医疗保险制度框架和政策，地方政府负责组织实施管理，创造条件逐步提高统筹层次。有效整合基本医疗保险经办资源，逐步实现城乡基本医疗保险行政管理的统一。此后，部分城市开始试点统筹农村和城镇居民基本医疗保险。2016年，《国务院关于整合城乡居民基本医疗保险制度的意见》明确了城乡医保实行市级统筹，并采取"六统一"原则。随后，各省相继出台文件明确"两保"整合的时间表和路线图。目前，全国各省均已出台整合城乡居民医保的方案。

根据大数法则，医保基金统筹层次提高，基金抗风险能力增强，"两保"整合使农村居民的保障水平相应提高。抗风险能力和保障待遇均提高的医疗保险，是否降低了农村居民的医疗负担是本章研究的主要内容。笔者利用《中国城市统计年鉴2011》和中国健康与养老追踪调查（CHARLS）2011年和2015年数据，首先从整体上考察提高统筹层次的城乡居民医保（下文简称医保市级统筹）对农村居民医疗负担的影响，其次就门诊和住院分别考察，最后对其公平性进行探讨。本章的具体安排如下：第一节为引言，第二节介绍数据来源并对主要变量进行描述性统计，第三节介绍识别策略和模型设定，第四节对估计结果进行分析，第五节为小结。

第二节　数据来源与描述性统计

一、数据来源

本章使用的数据包括两部分，其中主要部分为中国健康与养老追踪调查（CHARLS）2011 年和 2015 年两年的调查数据。该调查是由北京大学主持执行，国家自然科学基金委员会资助的大型微观调查项目。基线调查始于 2011 年，每两年追踪一次，覆盖全国 28 个省（自治区、直辖市）的 150 个县 450 个社区（村），具有广泛的代表性。调查收集了受访者人口、社会经济、健康、医疗支出、医疗保险等方面的翔实信息，为我国医疗保障研究提供了宝贵的资料。另外，问卷的设计参考了美国健康与退休调查（HRS）、英国老年追踪调查（ELSA）以及欧洲的健康、老年与退休调查（SHARE）等国际权威大型调查项目，受访者的应答率和数据质量在世界同类项目中位居前列。

本研究利用 2011 年和 2015 年受访的样本构成一个平衡面板数据。为了分离城乡医疗保险市级统筹的效果，进一步将样本限制为 2011 年参保类型为新农合的样本，其中 2011—2015 年参保类型仍为新农合的样本为对照组，医疗保险类型由新农合转变为市级统筹的城乡居民基本医疗保险的样本为实验组。但是，CHARLS 问卷中并未涉及医保市级统筹的相关问题，因此，笔者查阅各样本市人力资源与社会保障局网站和政府网站，最终确定了各地城乡医保市级统筹的时间。

本章使用的另外一个数据是《中国城市统计年鉴 2011》。该年鉴由国家统计局编制，涵盖了我国各市社会经济发展的各项统计指标。由于城乡医保市级统筹更多地跟各市的经济发展水平及政府对民生的关注程度有关，所以，对于本章所选样本，医保市级统筹可能并不是一个严格的外生变量。因此，本章借助《中国城市统计年鉴2011》数据对各市进行倾向得分匹配，选取在各个维度相似的市进入后续分析。

将市级层面匹配和个体相应变量缺失值删除后，本章的最终分析对象为1931人，其中实验组为857人，对照组为1074人。

二、变量及描述性统计

（一）变量

本章的被解释变量为医疗负担，是指由于医疗费用支出带来的经济损失及其对生活其他方面造成的影响（关志强、董朝晖，2004）。这些医疗费用特指个人或家庭在疾病的治疗和康复过程中支付的费用，具体包括诊疗费、药品费、住院床位费、手术费、检查费等，不包括陪护费及食宿费。本章医疗负担的衡量包括以下3个方面。

一是个人自付医疗支出（Out-Of-Pocket Payments，OOP）。研究公共医疗保险的文献大多将自付医疗费用的变化作为医疗保险是否发挥保护参保人免遭财务风险的重要指标。但是将该指标用于衡量居民医疗负担有其局限性，因为自付医疗费用反映的仅仅是个人自付医疗费用的绝对数，同样，自付医疗费用会因个人或家庭收入不同而产生不同的支付压力。另外，如果自付医疗费用的增速低于居民收入的增速，居民的医疗负担会降低，而自付费用却无法体现这种变化，所以，本章构建了另外两个衡量医疗负担的指标。

二是自付医疗支出占家庭收入的比重。CHARLS数据包括受访者过去1个月到药店购买处方药和非处方药、过去1个月最后一次门诊、过去1年最后一次住院的自付费用。除按就诊方式考察医保市级统筹的效果外，考虑到同一居民在受访时间内可能采用多种不同的治疗方式，本章构建了一个综合的医疗负担指标，即将最后一次住院自付费用除以12，加上最后一次门诊自付费用和月购药实际支出构成月人均总自付医疗支出，将该费用在家庭月收入中的占比作为医疗负担的又一衡量指标。

三是灾难性医疗支出。灾难性医疗支出是国际上普遍使用的衡量居民医疗负担的指标，通常指一个家庭在一段时间内的医疗支出占家庭可支付能力的比例超过一定数值，从而造成家庭生活水平下降甚至贫困。目前没有统一的标准，本章借鉴 Xu 等（2003）的标准，将灾难性医疗支出定义为医疗支出超过家庭可支配收入（总支出 – 食物消费支出）的 40% 来衡量，即如果家庭承担的自付医疗费用超过家庭当年可支配收入的 40%，则认为该家庭发生灾难性医疗支出。本章用家庭年总收入代替家庭可支配收入。

解释变量医疗保险市级统筹为二元离散变量，取值为 1 代表该人参加的是市级统筹的城乡居民医疗保险，称为统筹组或实验组；取值为 0 代表该人参加的仍为新农合，称为对照组。其他控制变量的选取理由如下。

人口学特征中，身体健康状况是影响医疗支出的重要因素。身体差的居民有更高的患病概率和更高的医疗支出倾向，本章用以代表健康程度的变量包括自评健康状况和慢性病数量，其中自评健康分为差、一般、好 3 个等级，依次赋值为 1、2、3。其他控制变量还包括年龄、性别、婚姻状况、受教育程度等。

在家庭特征中，经济水平是决定医疗支出的重要因素。同样的疾病，经济条件好的个体往往采取积极的应对措施，在医疗花费上往往也更慷慨，经济条件差的个体更有可能选择差的治疗方式，甚至放弃治疗。在农村，家庭是疾病互济共助的单位，因此本章将家庭人均收入作为经济状况的重要衡量指标。

就诊特征中，是否手术和就诊医院的等级是决定医疗花费的重要因素。手术患者除了支付手术费，还因住院天数更长需支付更多的床位费等。等级越高的医院，因技术发达、设备先进，相应的治疗费用也更高。如《2016 年我国卫生和计划生育事业发展统计公报》统计，2015 年人均门诊费用在乡镇卫生院、二级医院、三级医院分别为 66.5 元、197.1 元、306.1 元，人均住院费用分别为 1717.1 元、5799.1 元、13086.7 元。因此，本章就控制治疗过程中是否手术和就诊医院的等级，将医院分为 4 个等级，其中乡镇及以下医院为 1 级、县级医院为 2 级、市级医院为 3 级、省级及以上医院为 4 级。另外，使用高科技检测仪器也可能影响医疗支出，因此文中加以控制。本章所用数据均根据国家统计局公布的全国居民消费价格指数调整为 2010 年的水平。

（二）描述性统计

表 3-1 给出了相关变量的描述性统计。其中第 2~4 列为对照组各变量在政策实施前后的变化，第 5~7 列为统筹组各变量在政策前后的变化情况，最后 1 列为两组间的简单差分内差分（DID）结果。

总的医疗负担在两组间的差异如下：总自付医疗支出在两组间均呈现增加的态势，但是对照组增加的更多，最终统筹组比对照组低 14.36 元，但是不具有统计显著性。总自付医疗支出占家庭月收入的比例在两组间表现出不同的变化方向，其中对照组增加，而统筹组则减少，DID 为 –2.16，但是同样不具有统计显著性。因此，从以上两个指标来看，没有证据表明医保市级统筹降低了农村居民的医疗负担。但是，两组间灾难性医疗支出的发生却产生了明显的差异，与 2011 年相比，对照组新增 12% 的家庭发生灾难性医疗支出，统筹组增加的比例为 6%，是对照组的 1/2，这种差异在 1% 的水平上具有显著性，这种差异可能是医保市级统筹的作用。

具体到不同的治疗方式。政策实施后，两组居民的门诊自付医疗支出都在增加，但是其在家庭收入中的占比却在下降。两组间的 DID 仍然不具有显著性差异，因此，医保市级统筹对农民门诊医疗负担没有明显影响。产生这种结果的原因可能跟其保大病的特点有关。随着时间的增加，住院自付医疗支出也在增加，对照组平均增加 183.84 元 / 年，而统筹组仅增加了 7.67 元 / 年，总体而言两组相差 176.17 元 / 年，但是在统计上不显著。住院自付医疗支出在家庭年收入中的占比在组间发生了明显的差别，对照组增加了 4.65，统筹组则下降了 1.67，两组相差 6.32，在 10% 水平上具有显著性，初步表明医保市级统筹降低了农村居民的住院负担。

控制变量中除了年龄、家庭年人均收入、住院医院等级外，其他变量两组间均不具有显著性差异，在一定程度上反映了两组间的变化具有相同的时间趋势，表明我们选择的对照组是合适的。

表 3-1 描述性统计

变量	对照组			统筹组			
被解释变量 总负担	2011 年	2015 年	差值	2011 年	2015 年	差值	DID
总自付医疗支出（元 / 月）	107.73（9.76）	172.52（16.00）	64.79（18.24）	100.66（10.80）	151.09（13.86）	50.43（16.37）	−14.36（25.11）
总自付医疗支出 / 家庭月收入	2.8（0.69）	3.43（0.63）	0.63（0.80）	4.16（1.55）	2.62（0.47）	−1.54（1.61）	−2.17（1.69）
灾难性医疗支出占比	0.12（0.01）	0.23（0.01）	0.11（0.01）	0.14（0.01）	0.20（0.01）	0.06（0.02）	−0.05***（0.02）
门诊自付医疗支出（元 / 月）	41.26（6.73）	52.55（8.30）	11.29（10.73）	33.94（6.64）	55.05（10.22）	21.11（11.78）	9.82（15.97）
门诊自付医疗支出 / 家庭月收入 住院负担	1.04（0.37）	0.94（0.33）	−0.10（0.496）	2.10（1.43）	0.77（0.24）	−1.33（1.45）	−1.23（1.41）
住院自付医疗支出（元 / 年）	223.41（49.38）	407.25（82.03）	183.84（94.17）	268.83（81.70）	276.5（57.99）	7.67（100.62）	−176.17（138.54）
住院自付医疗支出 / 家庭年收入	0.58（0.32）	5.23（2.25）	4.65**2.27	5.57（2.17）	3.90（2.15）	−1.67（3.05）	−6.32*（3.74）
控制变量							
年龄	58.01（0.28）	62.02（0.28）	4.01（0.04）	58.03（0.33）	61.68（0.32）	3.65（0.10）	−0.36***（0.10）
男性（女性 =0）	0.47（0.02）	0.47（0.02）	0.00（0.00）	0.46（0.02）	0.46（0.02）	0.00（0.00）	0.00（0.00）
受教育程度	3.21（0.05）	3.21（0.05）	0.00（0.00）	3.11（0.06）	3.11（0.06）	0.00（0.00）	0.00（0.00）
在婚（其他 =0）	0.92（0.01）	0.87（0.01）	−0.05（0.01）	0.90（0.01）	0.86（0.01）	−0.04（0.01）	0.01（0.01）

续表

变量	对照组			统筹组			
被解释变量 总负担	2011 年	2015 年	差值	2011 年	2015 年	差值	DID
自评健康状况 （差 =1；一般 =2；好 =3）	1.91 （0.02）	1.88 （0.02）	−0.03 （0.02）	1.90 （0.02）	1.92 （0.02）	0.02 （0.02）	0.05 （0.03）
慢性病数量	1.18 （0.04）	1.53 （0.04）	0.35 （0.02）	1.00 （0.04）	1.34 （0.05）	0.34 （0.02）	−0.01 （0.03）
家庭年人均收入 （元）	7567.96 （211.12）	6092.22 （224.53）	−1475.74 （223.41）	6606.11 （240.02）	6334.61 （250.10）	−271.50 （256.13）	1204.24*** （338.97）
手术（否 =0）	0.01 （0.00）	0.02 （0.00）	0.01 （0.08）	0.01 （0.00）	0.02 （0.00）	0.01 （0.01）	0.00 （0.01）
住院高值仪器 检查（否 =0）	0.02 （0.00）	0.05 （0.01）	0.03*** （0.01）	0.03 （0.01）	0.05 （0.01）	0.02** （0.01）	−0.01 （0.01）
门诊高值仪器 检查（否 =0）	0.16 （0.01）	0.15 （0.01）	−0.01 （0.02）	0.13 （0.01）	0.14 （0.01）	0.01 （0.02）	0.02 （0.02）
住院医院等级	0.09 （0.02）	0.18 （0.02）	0.09*** （0.03）	0.11 （0.02）	0.13 （0.02）	0.02 （0.03）	−0.07* （0.03）
门诊医院等级	0.27 （0.02）	0.27 （0.02）	0.00 （0.03）	0.23 （0.02）	0.22 （0.02）	−0.01 （0.03）	−0.01 （0.04）

注：（1）统筹组是指 2011—2015 年被医保市级统筹政策覆盖的个体，对照组是指在 2011—2015 年参加的基本医疗保险仍为新农合的个体；（2）括号内为标准差；（3）***、**、*分别表示在 1%、5%、10% 统计水平上显著。

资料来源：作者整理所得。

第三节　识别策略和模型设定

一　识别策略：倾向值匹配

城乡医保是否并轨并在市级层面统筹更多取决于一个地区的经济发展状况及政府对民生的关注程度。因此，从市级层面来看，该政策并非随机，为缓解内生性，本章通过倾向值得分匹配筛选在各个维度较为相似的市进行分析。根据 CHARLS 调查地区，首先删除 2011 年之前已经实施"两保"整合的地区，剩余样本市及其实施"两保"市级统筹的时间见表 3-2，其中统筹组（实验组）为 2011—2015 年陆续开始实行"两保"市级统筹的市，表中所列其他地级市为对照组。

表 3-2　样本市"两保"市级统筹时间

省（区、市）	城市 / 地区	年份	省（区、市）	城市 / 地区	年份
云南省	保山市	2017 年	辽宁省	鞍山市	2017 年
	楚雄彝族自治州	2017 年		大连市	2017 年
	昭通市	2017 年		朝阳市	2014 年
	昆明市	2013 年		锦州市	2019 年尚未合并
	临沧市	2017 年	山西省	阳泉市	2018 年
	丽江市	2017 年		忻州市	2018 年
福建省	漳州市	2018 年		运城市	2017 年
	莆田市	2017 年		临汾市	2017 年
	福州市	2018 年	上海市	上海市	2016 年
	宁德市	2016 年	天津市	天津市	2014 年
青海省	海东市	2011 年	浙江省	湖州市	2017 年
四川省	广安市	2018 年		宁波市	2016 年
	凉山彝族自治州	2018 年		丽水市	2013 年
	南充市	2017 年		嘉兴市	2013 年
	宜宾市	2018 年		台州市	2015 年
	资阳市	2017 年	吉林省	四平市	2019 年尚未合并
	内江市	2018 年		吉林市	2019 年尚未合并
	甘孜藏族自治州	2013 年	广西壮族自治区	桂林市	2018 年
	绵阳市	2018 年		河池市	2017 年
	眉山市	2016 年		南宁市	2017 年
河北省	保定市	2016 年		玉林市	2017 年
	石家庄市	2017 年	安徽省	亳州市	2019 年尚未合并
	沧州市	2017 年		阜阳市	2017 年
	承德市	2017 年		淮南市	2019 年尚未合并

续表

省（区、市）	城市／地区	年份	省（区、市）	城市／地区	年份
江西省	景德镇市	2017 年	安徽省	安庆市	2019 年尚未合并
	南昌市	2016 年		宿州市	2017 年
	宜春市	2017 年		六安市	2017 年
	上饶市	2017 年	湖北省	襄阳市	2017 年
	九江市	2017 年		恩施土家族苗族自治州	2018 年
	吉安市	2017 年		黄冈市	2018 年
	赣州市	2017 年		荆门市	2017 年
新疆维吾尔自治区	阿克苏地区	2018 年	陕西省	渭南市	2018 年
北京市	北京市	2018 年		宝鸡市	2017 年
内蒙古自治区	锡林郭勒盟	2017 年		榆林市	2018 年
	呼和浩特市	2017 年		汉中市	2017 年
	兴安盟	2017 年	山东省	滨州市	2015 年
	赤峰市	2017 年		青岛市	2015 年
	呼伦贝尔市	2017 年		济南市	2015 年
江苏省	苏州市	2012 年		枣庄市	2015 年
	徐州市	2018 年		临沂市	2015 年
	泰州市	2017 年		聊城市	2015 年
	盐城市	2018 年		威海市	2014 年
	宿迁市	2018 年		潍坊市	2015 年
	扬州市	2018 年		德州市	2015 年
	连云港市	2018 年	河南省	安阳市	2017 年
甘肃省	定西市	2017 年		洛阳市	2017 年
	平凉市	2018 年		周口市	2017 年
	张掖市	2018 年		郑州市	2017 年
黑龙江省	鸡西市	2017 年		濮阳市	2017 年
	齐齐哈尔市	2016 年		平顶山市	2017 年
	哈尔滨市	2018 年		焦作市	2017 年
	佳木斯市	2018 年		信阳市	2017 年
广东省	潮州市	2012 年	湖南省	邵阳市	2017 年
	广州市	2015 年		岳阳市	2017 年
	茂名市	2012 年			

省（区、市）	城市／地区	年份	省（区、市）	城市／地区	年份
广东省	清远市	2011 年	湖南省	长沙市	2017 年
	江门市	2011 年		益阳市	2015 年
贵州省	黔西南布依族苗族自治州	2018 年		娄底市	2017 年
	黔东南苗族侗族自治州	2018 年		常德市	2017 年

资料来源：作者自制。

倾向值得分匹配的核心思想将决定一市是否实行城乡医保市级统筹的多维变量降为一维变量——倾向值得分，即倾向值越高的市具有更高的概率实施城乡医保市级统筹。倾向值得分通过 Logit 回归估计得到，其中结果变量为二元离散变量，实施城乡医保市级统筹的市为 1，否则为 0。可能影响一市实行城乡医保市级统筹的变量包括：人均 GDP、总人口、医院每万人床位数、每万人医生数、每百人公共图书馆藏书、人均绿地面积、人均财政支出、人均教育支出、第一产业从业人员比重。通过 Logit 回归的系数可以发现各个变量在实验组和对照组间的差异，最终参与匹配的变量包括：人均 GDP、总人口、医院每万人床位数、每万人医生数、第一产业从业人员比重。

得到每个市的倾向值得分后，本章通过 1∶2 最近邻匹配，为每个实行医保市级统筹的市寻找合适的对照。匹配前后各变量在实验组和对照组间的差异见表 3-3。可以发现，匹配后各变量标准化的偏差大幅度下降，且各变量在两组间不再具有显著性差异，满足平衡性假设。匹配前后两组间的倾向值得分（PS 值）概率密度分布情况见图 3-1，从图中可知，匹配后两组的 PS 值分布基本相同，满足共同支撑假设。最终参与分析的地级市见表 3-4，其中实验组包括 11 个地级市，对照组包括 14 个地级市。

表 3-3　倾向值得分匹配前后各变量在实验组和对照组间的差异

变量	类别	实验组	对照组	标准化的偏差（%）	标准化的偏差下降（%）	t 值	p 值
人均 GDP	匹配前	44782.00	28916.00	71.90		2.61	0.01
人均 GDP	匹配后	44782.00	40999.00	17.20	76.20	0.34	0.74
总人口	匹配前	474.04	554.02	−32.10		−0.97	0.33
	匹配后	474.04	482.87	−3.50	89.00	−0.10	0.92
医院每万人床位数	匹配前	36.64	31.91	32.90		1.22	0.23
	匹配后	36.64	34.87	12.30	62.50	0.27	0.79
每万人医生数	匹配前	22.53	16.74	52.30		2.05	0.04
	匹配后	22.53	22.89	−3.30	93.80	−0.08	0.94
第一产业从业人员比重	匹配前	0.98	3.28	−56.10		−1.34	0.18
	匹配后	0.98	0.82	4.00	92.90	0.34	0.74

　　注：标准化的偏差定义为匹配成功的对照组和实验组之间的均值之差除以原实验组和对照组方差之和的均值的平方根。t 值和 p 值为倾向值匹配的检验结果，与标准化的偏差一起构成匹配效果检验的两个维度。

　　资料来源：作者整理所得。

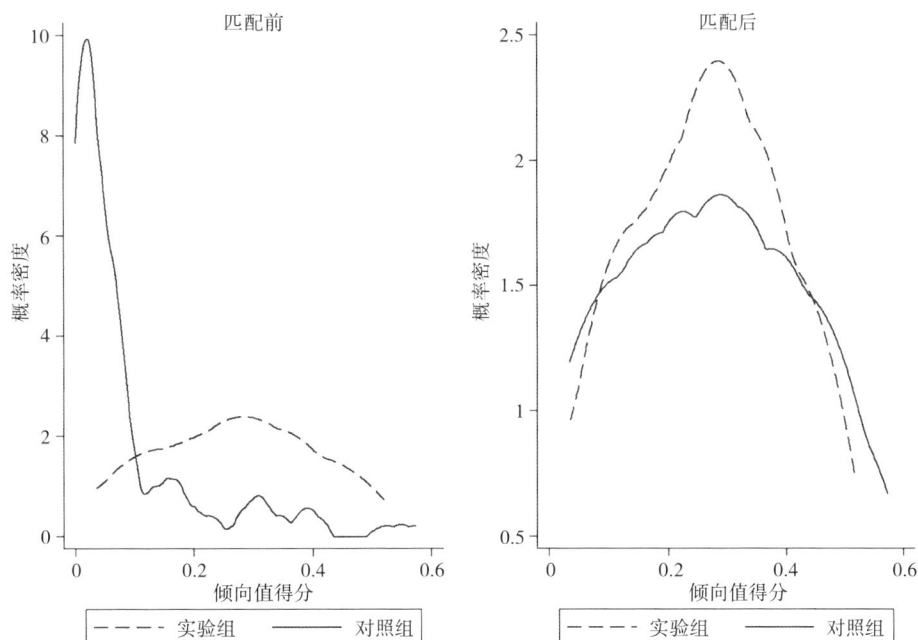

图 3-1　匹配前后两组的倾向值得分概率密度分布

资料来源：作者自绘。

表3-4 最终参与分析的地级市

组别	城市
实验组（11个）	昆明市 苏州市 潮州市 茂名市 清远市 江门市 朝阳市 天津市 丽水市 嘉兴市 威海市
对照组（14个）	四平市 忻州市 洛阳市 福州市 焦作市 广安市 常德市 泰州市 扬州市 广州市 湖州市 莆田市 呼和浩特市 宁波市

资料来源：作者自制。

二、模型设定

（1）差分内差分

本章将位于医保市级统筹市的个人作为实验组，其他个体称为对照组，实验组和对照组个人的医疗负担构成分别见式3-1和式3-2：

$$Y_{it}^T = X_i^T + \theta_t^T + \rho_{it} + \varepsilon_i^T \tag{3-1}$$

$$Y_{it}^C = X_i^C + \theta_t^C + \varepsilon_i^C \tag{3-2}$$

政策实施前 $t=0$，政策实施后 $t=1$；X_i^T、X_i^C 为可观测但不随时间变化的个体特征；ε_i^T、ε_i^C 为不可观测且不随时间变化的个体特征；θ_t^T、θ_t^C 为随时间变化的个体特征；ρ_{it} 为医保市级统筹的作用。政策实施前后，实验组和对照组的医疗负担变化分别如式3-3和式3-4所示：

$$Y_i^T = Y_{t=1}^T \quad Y_{t=0}^T = \theta_t^T + \rho_i \tag{3-3}$$

$$Y_i^C = Y_{t=1}^C \quad Y_{t=0}^C = \theta_t^C \tag{3-4}$$

式3-3和式3-4进一步差分的期望为：

$$DID = E(Y_i^T) E(Y_i^C) = E(\theta_t^T) E(\theta_t^C) + E(\rho_i) \\ = [E(Y_{t=1}^T) E(Y_{t=0}^T)][E(Y_{t=1}^C) E(Y_{t=0}^C)] \tag{3-5}$$

由式3-5可知，若 $E(\theta_t^T)$ 与 $E(\theta_t^C)$ 相同，即两组间随时间变化的特征具有相同的时间趋势，则DID的结果即为医保市级统筹的效果。在实证分析中，可以通过如下回归方程得到 $E(\rho_i)$ 的估计值：

$$Y_{isat}=\alpha+\beta Treat_a+\gamma post_t+\rho Treat_a \times post_t+x_{isat}\eta+\delta_s+\varepsilon_{isat} \qquad (3-6)$$

对于医疗支出数据，含有大量 0 支出样本，如果不考虑这部分样本，会造成选择性偏误。目前，用于解决选择性偏误的方法主要包括 Heckman 样本选择模型和两部分模型。Heckman 样本选择模型要求第一步选择方程和第二步支出方程的残差项满足联合正态分布，否则估计结果会引起很大的偏误，而医疗支出数据通常不能满足这一要求。此外，Heckman 模型还强调自我选择的过程，即医疗支出是否发生及支出多少是自我选择的结果，如果忽视这一过程，则相当于存在遗漏变量，直接做第二步回归的系数是有偏误的。医疗消费可以看作是两个相对独立的过程（Pohlmeier and Ulrich，1995），即是否发生医疗支出由病人决定[1]，而支出数额主要由医生决定。两部分模型（Two Part Model，2PM）不需要 Heckman 模型的上述限定，许多学者认为在进行医疗支出分析时使用两部分模型要优于 Heckman 样本选择模型（Duan et al.，1983，1984；Manning et al.，1987）。因此本章用两部分模型估计自付医疗支出。

两部分模型将个体的医疗支出决策分为两个阶段：是否就医和支出多少。该模型相应地分成概率模型和在非零医疗支出条件下的线性回归模型两部分，某个变量的影响由上述两部分的结果共同决定。结合上文的 DID 分析框架，本章构建了差分内差分面板结构的两部分模型：

$$P(I_i=1)=P(Y_{isat}>0)=$$
$$P(\alpha_1+\beta_1 Treat_a+\gamma_1 post_t+\rho_1 Treat_a \times post_t+x_{isat}\eta_1+\delta_s+\varepsilon_{isat}>0) \qquad (3-7)$$

$$Y_{isat}|_{I_i=1}=\alpha_2+\beta_2 Treat_a+\gamma_2 post_t+\rho_2 Treat_a \times post_t+x_{isat}\eta_2+\delta_s+\underline{E}_{isat} \qquad (3-8)$$

假设随机扰动项 $\varepsilon_{isat} \sim N(0,1)$，$\underline{E}_{isat} \sim N(0,\sigma_{\underline{E}}^2)$，$cov(\varepsilon_{isat},\underline{E}_{isat})=0$。被解释变量 Y_{isat} 代表总自付医疗支出、门诊自付支出、住院自付支出、自

---

[1] 这种假定在我国农村地区更具有适用性，如国务院发展研究中心 2004 年在全国 118 个村的调研发现，当医生建议住院时，有 43% 的人会拒绝。

付支出在家庭人均收入中的占比。由于灾难性医疗支出是取值为 0、1 的二元离散变量，故用 Probit 模型估计；$Treat_a$ 是代表组别的哑变量，取 1 代表实验组，取 0 代表对照组；$post_t$ 是代表调查年份的哑变量，取 1 代表政策实施后的 2015 年，取 0 代表政策实施前的 2011 年；控制变量 $xisat$ 主要包括年龄、性别、受教育程度、婚姻状况、自评健康、慢性病数量、家庭人均收入、是否手术、就诊医院等级等；δ_s 是个体所在市的虚拟变量。

$Treat_a \times post_t$ 的系数 ρ_1、ρ_2 是我们关注的医保市级统筹的效果，正如上文分析，该系数无偏估计的前提是统筹组和对照组的医疗支出差别不随时间变化或者变化趋势相同。虽然我们经过倾向值匹配筛选出了在多个维度都相似的市进行分析，但在更微观的个人层面，两组间的这种变化趋势可能是不同的。正如表 3–1 所示，政策实施前的 2011 年，对照组个体的慢性病数量更多，预示随着年龄增加其健康恶化程度更高，从而产生更多的医疗花费，这样就造成医保市级统筹效果被低估。本章通过控制年龄，用健康差别并不明显的较年轻群体来解决这一问题。

（2）审查分位数回归

仅仅考察医保市级统筹对农村居民医疗负担条件均值的影响并不能全面反映医保市级统筹的效果。另外，我国农村医疗保险制度的基本出发点在于保大病，即在基本医疗保险报销的基础上，对发生大病支出的个人由大病医疗保险进一步补偿。如果医保市级统筹能够缓解农村居民的医疗负担，应该会更多地表现在对高医疗支出患者的保护上。因此，考察医疗保险对医疗自付支出不同分布的影响更能全面地反映医保市级统筹的效果。

Koenker 和 Bassett（1978）建立的分位数回归（Quantile Regression）可以考察自变量对因变量在不同分布上的影响，但医疗支出数据存在大量 0 值，即左端受到审查，普通分位数回归不能有效解决该问题。在 Koenker 和 Bassett（1978）模型的基础上，Powell（1986）建立了审查分位数回归（Censored Quantile Regression），可以很好地解决因变量受审查问题，但因算法非常复杂未能得到广泛应用。Chernozhukov 和 Hong（2002）提出的 3

步算法大大提高了审查分位数回归的适用性。第一步，进行 Logit 回归计算个体发生非零医疗支出的概率，借助该预测概率值在全样本中筛选具有较高可能发生非零医疗支出的样本。第二步，对第一步筛选的样本进行分位数回归，得到的参数为无效估计量，主要用于筛选预测条件分位数值超过 0 的样本。第三步，对第二步筛选的样本再进行分位数回归，得到的结果为有效估计量。应用该方法的研究包括 Barnes 等（2017）对印度的公共医疗保险的考察，Limwattananon 等（2015）对泰国全民覆盖计划的考察。本章同样利用差分内差分的形式，建立模型如下：

$$Q_{yiat}(q)=\max(\alpha_q+\beta_q Treat_a+\gamma_q post_t+\rho_q Treat_a \times post_t+ x_{iat}\eta_q+\delta_s+x_{iat},\ 0);\ q=1\text{~}99 \tag{3-9}$$

其中，0 代表受审查的点；q 表示分位点；其他变量含义同前文。

第四节　估计结果及分析

一、医保市级统筹对农村居民医疗负担的影响

表 3-5 报告了医保市级统筹对农村居民医疗负担的影响。在农村，影响个人医疗负担的人口经济学因素包括：年龄、受教育程度、婚姻、家庭年人均收入。其中，年龄每增长 1 岁，发生灾难性医疗支出的可能性提高 0.2%，即老年人是医疗负担较重的群体，一方面由于老年人有更高的医疗需求，另一方面农村老人的收入来源相对更少。受教育程度越高的居民，医疗负担反而越重，表现为更多的自付医疗支出和更高的自付医疗支出/收入，可能的解释为高学历者更注重健康，治疗过程中倾向于采用昂贵的药品和治疗措施。在婚者的医疗负担更低，可能这类人的身体更健康，收入更高。家庭年人均收入越高，个人医疗负担越低。另外，慢性病与医疗

负担正相关，慢性病数量每增加 1 种，自付医疗支出增加 37.203 元，发生灾难性医疗支出的可能性增加 2.1%。

表中结果也反映了新农合地区农民医疗负担的变化情况。调查年份的系数表明，2011—2015 年新农合地区居民的自付医疗支出上涨了 75.328 元，发生灾难性医疗支出的概率提高了 9.4%。自 2003 年试点开始，新农合的筹资规模逐年扩大，补偿范围和比例也随之提高，但是农村居民的实际医疗支出却随之增加，发生灾难性医疗支出的家庭也在增加，说明新农合并未有效保护农村居民免遭疾病带来的经济冲击，本章的结果与大多数关于新农合的研究一致。

表 3-5 第 2 列和第 4 列的结果显示，医保市级统筹显著增加了农村居民发生医疗支出的概率，即就诊概率随着医保市级统筹而增加，说明医保市级统筹改善了农村居民有病不医的情况。第 3 列和第 5 列的结果显示，医保市级统筹后，农村居民的自付医疗费用及其在收入中的占比均有所下降，分别降低 29.691 元、3.356，但是这种变化在统计上并不显著。医保市级统筹后，4.8% 的农村居民免遭灾难性医疗支出的影响，这种影响仍旧不具有显著性。以上结果初步表明医保市级统筹没有降低农村居民的医疗负担。

表 3-5　医保市级统筹对农村居民医疗负担的影响

变量	自付医疗支出		自付医疗支出 / 收入		灾难性医疗支出
	第一部分	第二部分	第一部分	第二部分	Probit
统筹 × 调查年份	0.332** （0.140）	−29.691 （44.631）	0.332** （0.140）	−3.356 （3.666）	−0.048 （0.033）
统筹	−0.526** （0.228）	−561.680* （314.251）	−0.526** （0.228）	−38.903 （41.099）	0.213*** （0.057）
调查年份	−0.010 （0.098）	75.328** （32.977）	−0.010 （0.098）	−1.267 （1.732）	0.094*** （0.024）
年龄	−0.003 （0.005）	1.526 （1.621）	−0.003 （0.005）	0.094 （0.100）	0.002* （0.001）
男性（女性 =0）	−0.235*** （0.076）	10.661 （25.245）	−0.235*** （0.076）	−1.916 （1.574）	−0.020 （0.018）

续表

变量	自付医疗支出		自付医疗支出 / 收入		灾难性医疗支出
	第一部分	第二部分	第一部分	第二部分	Probit
受教育程度	0.052** （0.025）	21.241** （8.931）	0.052** （0.025）	1.005* （0.584）	0.004 （0.006）
在婚（其他 =0）	0.304** （0.120）	7.988 （40.564）	0.304** （0.120）	−8.906 （6.244）	−0.062** （0.029）
家庭年人均收入	0.000 （0.000）	0.000 （0.002）	0.000 （0.000）	−0.001*** （0.000）	−0.000*** （0.000）
自评健康状况	−0.736*** （0.066）	−140.682*** （22.978）	−0.736*** （0.066）	−5.108*** （1.569）	−0.068*** （0.015）
慢性病数量	0.387*** （0.034）	37.203*** （11.140）	0.387*** （0.034）	0.650 （0.667）	0.021*** （0.006）
常数项	1.047*** （0.398）	807.691** （345.822）	1.047*** （0.398）	72.949* （40.945）	—
市虚拟变量	控制	控制	控制	控制	控制
样本量	3862	2085	3862	2085	2085

注：（1）第2~5列为两部分模型估计结果，最后一列为probit模型估计结果，报告的系数为平均边际效应；（2）括号内为稳健标准差；（3）***、**、*分别表示在1%、5%、10%统计水平上显著；（4）由于篇幅所限，市虚拟变量的系数未列出。

资料来源：作者自制。

但是，我们须谨慎对待以上结果。首先，以上 DID 结果无偏的重要前提是共同趋势假说，即统筹组和对照组的医疗支出差别不随时间变化，若两组间的医疗支出变化不满足共同趋势，以上结果可能是有偏差的。其次，无论是总自付医疗支出，还是自付医疗支出占收入的比例都存在平均值大于中位数，以上均值回归的结果可能并不能反映医保市级统筹的全部效果。下面分别对以上两点进行验证。

对于年龄较大的农村居民而言，身体健康状况的个体异质性更大，健康恶化的速度往往也更快，从而导致医疗支出的差别变大，所以，这部分样本最有可能不满足共同趋势假说。为验证表 3-5 回归结果的稳健性，本章排除年龄较大的样本，分别用 65 岁以下、60 岁以下样本重新回归，结果见表 3-6。与全样本相比，较年轻样本的自付医疗支出降幅减小，但是不具有显著性。自付医疗支出 / 收入的降幅增加，同样不具有显著性。医保市级统筹对灾难性医疗支出的影响也没有因样本不同而有所改变。说明表 3-5 的结果满足共同趋势假说，结果具有稳健性，即平均而言，医保市级统筹对农村居民的医疗负担没有影响。

表 3-6　医保市级统筹对不同年龄人群医疗负担的影响

变量	自付医疗支出		自付医疗支出 / 收入		灾难性医疗支出	
	<65 岁	<60 岁	<65 岁	<60 岁	<65 岁	<60 岁
统筹 × 调查年份	−16.175 （46.531）	−15.685 （53.263）	−5.721 （4.360）	−3.963 （2.579）	−0.060 （0.038）	−0.064 （0.044）
统筹	−477.181 （545.099）	−11.670 （110.364）	−72.031 （67.234）	7.395 （5.676）	0.211*** （0.062）	0.201*** （0.075）
调查年份	77.795** （38.436）	71.452 （44.678）	0.188 （1.782）	2.545 （2.250）	0.118*** （0.028）	0.120*** （0.032）
年龄	−2.813 （2.208）	−4.528 （3.007）	0.121 （0.212）	−0.128 （0.127）	−0.002 （0.002）	−0.004 （0.003）
男性 （女性 =0）	14.626 （25.587）	−10.768 （27.031）	−2.171 （2.231）	−0.828 （1.324）	0.002 （0.020）	−0.000 （0.023）
受教育程度	15.103* （8.796）	11.718 （10.737）	0.530 （0.704）	0.152 （0.476）	−0.000 （0.007）	−0.006 （0.008）
在婚 （其他 =0）	−22.616 （61.653）	7.532 （83.207）	−16.808 （12.654）	2.258 （2.320）	−0.033 （0.043）	0.002 （0.062）
家庭年人均收入	0.001 （0.003）	−0.001 （0.002）	−0.001*** （0.000）	−0.001*** （0.000）	−0.000*** （0.000）	−0.000*** （0.000）
自评健康状况	−134.901*** （24.316）	−105.825*** （25.454）	−4.980*** （1.870）	−2.277** （1.062）	−0.049*** （0.018）	−0.047** （0.021）
慢性病数量	49.614*** （12.507）	48.824*** （16.416）	0.906 （0.865）	2.259* （1.256）	0.026*** （0.007）	0.026*** （0.008）
常数项	1022.013* （565.877）	561.884*** （210.857）	122.518* （64.541）	12.593* （6.949）	— —	— —
市虚拟变量	控制	控制	控制	控制	控制	控制
样本量	1504	1077	1504	1077	1478	1059

注：（1）括号内为稳健标准差；（2）***、**、*分别表示在1%、5%、10%统计水平上显著；（3）由于篇幅所限，市虚拟变量的系数未列出。

资料来源：作者自制。

为解决医疗支出分布非对称问题，我们进一步考察医保市级统筹对农民医疗负担不同分位数上的影响，结果见表 3-7 的第 2 列和第 3 列，由于样本中含有大量零医疗支出个体，所以医疗负担的第一个非零百分位点为第 45 百分位。

表 3-7 医保市级统筹对医疗负担不同分布的影响

百分位	自付医疗费用	自付医疗费用 / 收入		
	全样本	全样本	<65 岁	<60 岁
45	−0.701 （1.273）	−0.000 （0.000）	−0.002 （00.002）	— —
50	9.152*** （1.614）	−0.000 （0.000）	−0.005 （0.005）	0.006 （0.004）
55	10.000 （5.432）	−0.000 （0.000）	−0.002 （0.004）	−0.009 （0.006）
60	5.000 （9.069）	−0.021** （0.010）	−0.021*** （0.006）	−0.046*** （0.016）
65	5.963 （7.531）	−0.033** （0.022）	−0.039*** （0.012）	−0.075*** （0.022）
70	12.087 （13.978）	−0.084*** （0.021）	−0.077*** （0.024）	−0.150*** （0.032）
75	−8.512 （18.242）	−0.114** （0.054）	−0.068* （0.038）	−0.297*** （0.035）
80	−0.000 （9.752）	−0.231*** （0.082）	−0.216** （0.089）	−0.414*** （0.071）
85	20.003 （51.533）	−0.374* （0.213）	−0.409** （0.188）	−0.956*** （0.257）
90	40.002 （61.169）	−2.147*** （0.561）	−2.154*** （0.541）	−3.502*** （0.532）
95	−114.821 （146.293）	−2.741 （4.952）	−6.770** （3.384）	−10.519* （5.896）
99	−957.452 （766.848）	30.684 （293.312）	30.683 （293.233）	14.464 （51.971）

注:（1）括号内为稳健标准差;（2）***、**、*分别表示在1%、5%、10%统计水平上显著。
资料来源：作者自制。

首先，医保市级统筹对自付医疗费用的影响主要表现在中位数上，该位点居民的自付费用增加了 9.152 元。在有医疗支出的样本分布中，该位点对应较低的医疗支出水平，因此，医保市级统筹的作用主要表现在对低医疗支出的影响上，即当医疗花费较少时，医保市级统筹有增加农民自付医疗支出的作用。因为该位点为较低的一个非零百分位点，所以该位点自付费用的增加更可能来自购药和门诊。

其次，从60到90百分位，医保市级统筹显著降低了自付医疗费用在收入中的占比，平均降低8%；在90之后的高百分位，医保市级统筹不再具有显著作用。也就是说，当自付医疗支出占年收入的比例在0.22到1.57之间时，市级统筹的医保可以有效减轻农村居民的医疗负担，随着医疗费用继续增加，医保的作用不再显著。医保这种在医疗支出的中间区间发挥作用的特点可能是由报销政策的起付线和封顶线决定的，当医疗支出低于起付线或高于封顶线时，均无法享受医保报销，也就不存在医疗负担的降低问题。

医保市级统筹对自付医疗支出/家庭收入在所有分位数上的影响见图3-2，随着医疗花费增加，医保市级统筹降低农村居民医疗负担的效果更好。这说明农村基本医疗保险在实行市级统筹后基本实现了保大病的初衷，其可能的机制是基本医疗保险封顶线的提高和大病医疗保险的二次报销。

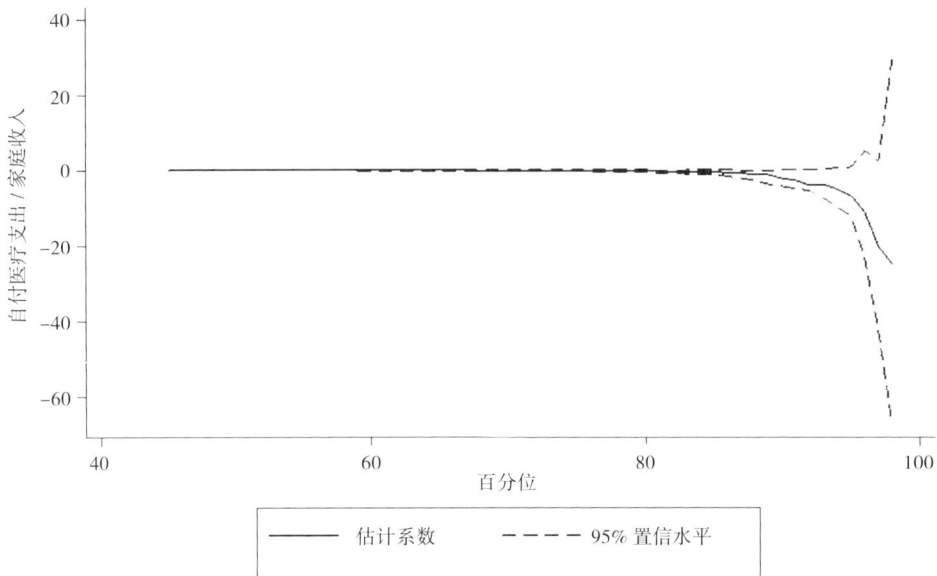

图3-2 自付医疗支出/家庭收入不同分位点的估计结果

注：95%置信区间通过100次重采样得到，因标准差太大，估计结果不准确，所以图中不包括99百分位的估计结果和置信水平。

资料来源：作者自绘。

为验证以上分位数回归结果的稳健性，我们仍选取较为年轻的样本作为参照，结果见表 3-7 的后 2 列和图 3-3。主要百分位点的结果显示，医保市级统筹在 60~95 百分位上具有降低居民医疗负担的作用，且随着医疗支出增加，作用增强，这种趋势与全样本的结果一致。图 3-3 中的图 a、图 b 分别为 65 岁以下和 60 岁以下样本所有分位点的回归结果，可以发现，两图的变化趋势与全样本一致，说明上文的估计结果非常稳健。

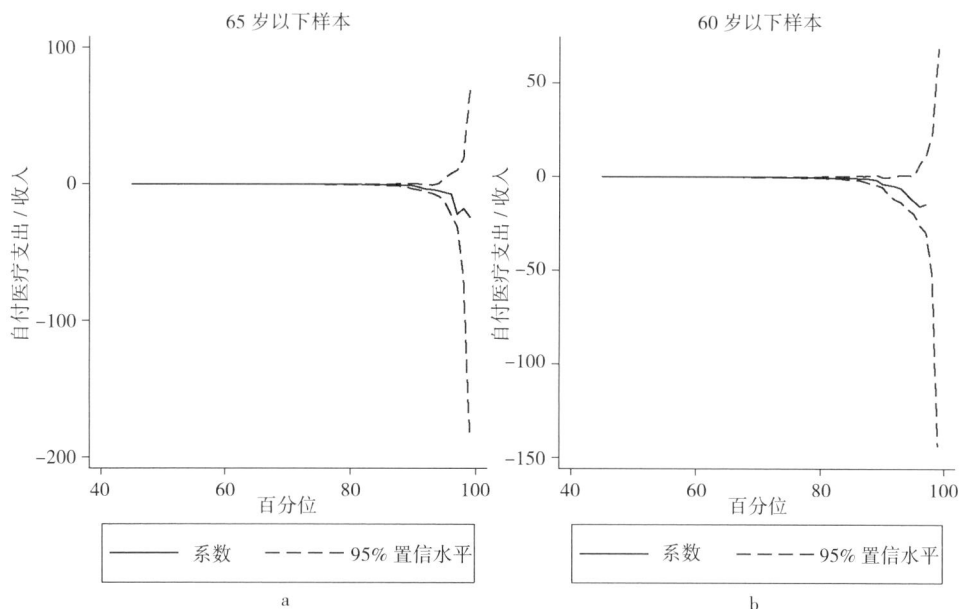

图 3-3　不同年龄人群自付医疗支出/收入不同分位点的估计结果

注：95% 置信区间通过 100 次重采样得到。

资料来源：作者自绘。

二、医保市级统筹对不同就诊类型医疗负担的影响

从上文结果可以发现，医保市级统筹有效降低了农村居民的总体医疗负担，我们进一步将门诊治疗和住院治疗分开，分别考察医保市级统筹对不同就诊方式医疗负担的影响。农村基本医疗保险建立之初就将保障的重点放在大病上，这种制度安排体现了医疗保险的效率，即保大病才是防止农村居民

因病致贫、因病返贫的有效途径。随着医保筹资规模不断扩大，同时也为吸引农村居民继续参保，医疗保险逐渐将保障范围扩大到门诊治疗，但各地采取的方式有所不同。有些地区实行与住院补偿类似的统筹形式，有些则实行个人或家庭医疗账户形式，但无论采取哪种形式，在补偿力度上都明显低于住院治疗。较之新农合，医保市级统筹虽然提高了统筹层次，扩大了保障范围，但其保大病的初衷仍旧没变。另外，大病医疗保险对基本医保参保人的自动覆盖更强化了对大病患者的保障。基于以上事实，我们初步判断医保市级统筹的作用可能更多体现在对住院医疗的保护上。

（一）门诊

表 3-8 给出了医保市级统筹对门诊医疗负担的回归结果，第 3 列的结果显示，门诊自付费用因医保市级统筹而增加，平均增加 74.021 元，但是不具有显著性。自付医疗费用在收入中的占比虽然下降，但是不显著，因此从均值来看，没有发现医保市级统筹对居民门诊就医负担产生影响。

上文提到医疗支出数据并非对称分布，均值回归的结果仅反映了医保市级统筹对居民医疗负担的平均效应，具体到不同的医疗支出，医保市级统筹的作用可能不同。因此，我们继续考察医保市级统筹在门诊支出不同分位点上的作用，结果见表 3-9。由于发生门诊治疗的样本只有 700 人，所以在自付医疗费用的第 85 百分位之前都没有数据，同前文分位点选取相似，我们仍采取隔 5 个百分位点报告一次的方法。结果显示，在不同百分位点上，医保市级统筹对门诊自付费用、自付费用/收入均不具有显著影响。综合表 3-8、表 3-9，可以判断医保市级统筹对居民门诊就医负担没有影响。

表 3-8　医保市级统筹对门诊医疗负担的影响

变量	自付医疗费用		自付医疗费用 / 收入	
	第一部分	第二部分	第一部分	第二部分
统筹 × 调查年份	0.132 （0.180）	74.021 （86.424）	0.132 （0.180）	−8.732 （9.529）

续表

变量	自付医疗费用		自付医疗费用／收入	
	第一部分	第二部分	第一部分	第二部分
统筹	−1.376*** （0.292）	5.866 （172.642）	−1.376*** （0.292）	47.179 （46.300）
调查年份	−0.208* （0.121）	29.432 （52.835）	−0.208* （0.121）	1.392 （3.229）
年龄	−0.003 （0.006）	4.184 （2.627）	−0.003 （0.006）	0.018 （0.194）
男性（女性=0）	−0.425*** （0.099）	50.668 （38.299）	−0.425*** （0.099）	−0.621 （2.484）
受教育程度	0.031 （0.032）	18.548 （15.637）	0.031 （0.032）	0.601 （0.857）
在婚（其他=0）	0.285* （0.152）	−40.297 （80.364）	0.285* （0.152）	−19.546 （16.704）
家庭年人均收入	−0.000 （0.000）	0.002 （0.003）	−0.000 （0.000）	−0.001*** （0.000）
自评健康状况	−0.620*** （0.086）	−101.255*** （38.303）	−0.620*** （0.086）	−3.015** （1.534）
慢性病数量	0.263*** （0.035）	−4.145 （15.484）	0.263*** （0.035）	1.256 （1.276）
高值仪器检查	— —	−77.953 （65.412）	— —	−6.404 （7.434）
医院等级	— —	309.012*** （60.617）	— —	3.587* （1.890）
常数项	0.269 （0.501）	−404.751 （260.464）	0.269 （0.501）	30.443 （33.307）
市虚拟变量	控制	控制	控制	控制
样本量	3848			

注：（1）括号内为稳健标准差；（2）***、**、*分别表示在1%、5%、10%统计水平上显著。
资料来源：作者自制。

表3-9 医保市级统筹对门诊医疗负担不同分布上的影响

	85	90	95	99
门诊自付费用	6.489 （14.016）	−4.255 （22.907）	19.787 （89.167）	625.532 （764.616）
自付费用／收入	−0.003 （0.010）	−0.019 （0.048）	−0.518 （0.456）	−8.046 （296.283）

资料来源：作者自制。

（二）住院

医保市级统筹对住院医疗负担的影响见表 3-10 和表 3-11。表 3-10 结果显示，医保市级统筹地区农民的自付医疗费用占家庭收入的比例下降了 19.320，并且在 5% 的水平上具有显著性，说明医保市级统筹降低了住院患者的医疗负担。表 3-11 分位数回归的结果显示，医保市级统筹后，在医疗支出的第一个非零百分位点上农民的住院自付费用降低了 1395.745 元，如果按住院样本人均自付费用 5087.462 元计算，则相当于降低了 27.4%。第二个非零百分位点上则降低了 1706.383 元，降低了 33.5%。自付费用占收入的比例在相应位点分别下降了 0.569、1.413。在更高的百分位上虽然也在下降，但是不再具有显著性。综上说明，医保市级统筹有效降低了农村居民的住院医疗负担。

表 3-10　医保市级统筹对住院医疗负担的影响

变量	自付医疗费用		自付医疗费用 / 收入		灾难性医疗支出
	第一部分	第二部分	第一部分	第二部分	Probit
统筹 × 调查年份	−0.334 （0.290）	−406.336 （1640.359）	−0.334 （0.290）	−19.320** （8.142）	−0.046 （0.108）
统筹	0.249 （0.521）	1590.838 （3188.192）	0.249 （0.521）	−0.302 （14.368）	−0.103 （0.171）
调查年份	0.346* （0.199）	−1018.904 （1304.373）	0.346* （0.199）	7.146 （4.503）	0.112 （0.070）
年龄	0.029*** （0.009）	15.647 （52.256）	0.029*** （0.009）	−0.160 （0.217）	−0.000 （0.003）
男性（女性 =0）	0.198 （0.158）	325.692 （1068.166）	0.198 （0.158）	−2.182 （6.660）	0.071 （0.052）
受教育程度	−0.012 （0.051）	558.331 （365.875）	−0.012 （0.051）	1.234 （2.055）	−0.015 （0.019）
在婚（其他 =0）	−0.064 （0.219）	−1776.964 （1724.057）	−0.064 （0.219）	−1.889 （6.161）	−0.218*** （0.078）
家庭年人均收入	−0.000 （0.000）	−0.080 （0.064）	−0.000 （0.000）	−0.001*** （0.000）	−0.000*** （0.000）

续表

变量	自付医疗费用		自付医疗费用／收入		灾难性医疗支出
	第一部分	第二部分	第一部分	第二部分	Probit
自评健康状况	−0.822*** （0.132）	164.121 （892.430）	−0.822*** （0.132）	−6.237* （3.665）	−0.003 （0.050）
慢性病数量	0.240*** （0.046）	184.715 （288.002）	0.240*** （0.046）	−1.204 （0.836）	−0.020 （0.016）
手术	— —	5172.316*** （1617.509）	— —	−4.358 （5.801）	0.111* （0.066）
高值仪器检查	— —	349.656 （930.440）	— —	5.738 （4.869）	0.058 （0.055）
医院等级	— —	2754.760*** （564.894）	— —	5.297 （4.096）	0.173*** （0.038）
常数项	−3.842*** （0.893）	−4702.789 （6316.915）	−3.842*** （0.893）	24.098 （35.478）	— —
市虚拟变量	控制	控制	控制	控制	控制
样本量		3848			225

注：（1）最后1列的结果为平均边际效应；（2）括号内为稳健标准差；（3）***、**、*分别表示在1%、5%、10%统计水平上显著。

资料来源：作者自制。

表 3-11　医保市级统筹对住院医疗负担不同分布上的影响

	95	96	97	98	99
住院自付费用	−1395.745** （564.432）	−1706.383* （962.489）	−1351.064 （1690.406）	−351.063 （3280.936）	−148.936 （10753.963）
自付费用／收入	−0.569*** （0.218）	−1.413* （0.826）	−2.255 （3.141）	−9.400 （61.426）	−152.195 （479.430）

注：（1）括号内为稳健标准差；（2）***、**、*分别表示在1%、5%、10%统计水平上显著。

资料来源：作者自制。

三、医保市级统筹对不同收入群体医疗负担的影响

从上文结果可以发现，市级统筹的医保降低了农村居民的医疗负担。评价一项社会保障制度，效率是一个重要的维度，但是对于医疗保障制度而言，公平更为重要。关于新农合公平性的研究结论不一。例如，齐良书

（2011）利用不同地区的微观面板数据发现，新农合更有利于发达地区的穷人；谭晓婷、钟甫宁（2010）用江苏、安徽两省 30 个县的调查数据发现，低收入者在新农合中得到了更多补偿；封进、宋铮（2007）发现健康状况差的穷人是新农合的最大受益者。但是，Wang 等（2005）通过对贵阳市凤山镇 6 个乡村的研究发现，富裕的农民在任何健康状态下都会从新农合中多受益。目前，尚没有发现关于市级统筹城乡居民医保公平性的研究，为弥补以上不足，本章将家庭年收入以中位数为界分为两组，分别称为低收入组和高收入组，以考察医保市级统筹的公平性。分位数估计结果见表 3-12 和图 3-4。表 3-12 的结果显示，在非零医疗支出的中低百分位点（50~80）上，低收入家庭的医疗负担降低；高百分位点（90 以上）上，医保的作用不再显著。而在 55 百分位点，高收入家庭的医疗负担不降反增。图 3-4 结果显示，低收入组的医疗负担在任何百分位上都降低得更多，说明医保市级统筹更有利于农村穷人。

表 3-12　医保市级统筹对不同收入家庭医疗负担的影响

百分位	低收入组	高收入组
50	−0.036** （0.015）	— —
55	−0.075* （0.044）	0.007*** （0.003）
60	−0.102 （0.079）	0.004 （0.003）
65	−0.155 （0.118）	0.005 （0.005）
70	−0.378** （0.179）	0.007 （0.006）
75	−0.560 （0.367）	0.003 （0.010）
80	−1.319** （0.660）	0.003 （0.014）
85	−2.945** （1.142）	−0.003 （0.016）

续表

百分位	低收入组	高收入组
90	−5.114 （3.815）	−0.039 （0.034）
95	−10.024 （20.761）	−0.008 （0.117）
99	23.186 （311.676）	0.131 （0.840）

注：（1）括号内为标准差；（2）***、**、*分别表示在1%、5%、10%统计水平上显著。
资料来源：作者自制。

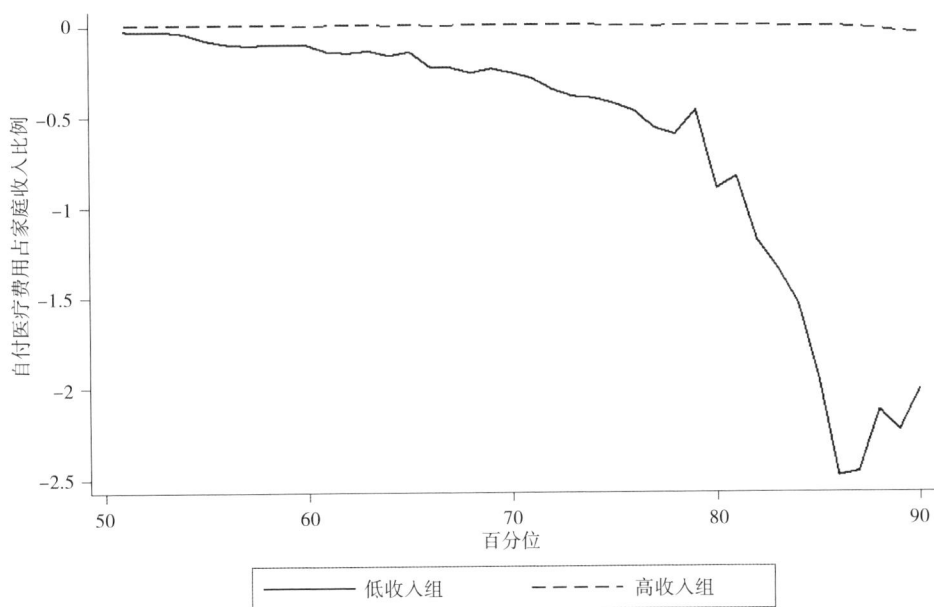

图3-4　医保市级统筹对不同收入家庭医疗负担的影响
注：由于90百分位后数据过度分散，某些位点回归结果不收敛，图中不包括90百分位之后的结果。
资料来源：作者自绘。

第五节　小结

　　关于农村基本医疗保险的研究一直是我国卫生政策领域研究的重点。
大多数关于新农合的研究发现新农合并未有效降低农村居民的医疗负担，

但是，上述研究均以无保险居民作为对照考察保险的效果。现实中，医疗保险的作用可能并非线性，即有保险和无保险的对比与不同保障水平间的对比得出的结果可能并不相同。本章借助新农合和城居保合并统一为城乡居民基本医疗保险，并实施市级层面统筹这一自然实验，考察中国医疗保险改革对农村居民医疗负担的影响。为排除政策本身的内生性，本章先通过倾向值匹配筛选出具有相同可能性实施医保市级统筹的地级市，然后利用 CHARLS 2011—2015 年微观调查样本进行分析，主要结论如下。

第一，市级统筹的医疗保险降低了农村居民的医疗负担。当自付医疗支出占年收入的比例在 0.22~1.57 时，医保市级统筹使家庭医疗负担平均降低 8%，且随着医疗负担的加重，降幅增大。

第二，市级统筹的医保主要体现在对住院医疗的保护上。当住院花费较低时，住院自付费用平均降低 1551.064 元，降幅为 20.8%；当住院花费较高时，医保不再发挥保护作用。

第三，市级统筹的医保更有利于农村贫困家庭。在任何百分位点上，低收入家庭都是医疗保险的受益者。

以上结论表明，无论是从效率维度还是从公平维度衡量，城乡医保合并统一并在市级层面统筹都是我国医疗保险制度改革的一次成功经验，值得在全国推广。但是，我们也注意到，从绝对水平来看，我国农村居民的医疗负担仍旧维持在较高水平并且有增加的趋势。2015 年新农合地区有 23% 的家庭发生灾难性医疗支出，即使是城乡医保整合地区，也有 20% 的家庭发生灾难性医疗支出，在一定程度上说明，医疗保险对农民的保护作用仍然有限。问题的根本在于实际报销比例过低，这可能跟基本医疗保险基金地区间结余不平衡有关。2017 年基本医疗保险累计结存 19386 亿元[1]，2018 年累计结存 23234 亿元[2]，虽然总体结余高，但是结余严重不平衡，东部沿海发达地区结余较多，人口外流地区结余较少，有些地区甚至面临较大的"穿底"风险，

---

[1] 人力资源和社会保障部：《2017 年度人力资源和社会保障事业发展统计公报》。
[2] 国家医疗保障局：《2018 年医疗保障事业发展统计快报》。

这样基金结余少的地区就会谨慎使用基金，导致基本医疗保险保障能力不足。

　　另外，城乡医保并轨仅仅体现在对一般住院的保护上，对花费更高的住院并未起到有效的保护作用。随着农民收入水平的提高和支付能力的增强，重大疾病才是造成农民医疗负担和贫困的重要因素，所以城乡医保对住院医疗的保障仅仅是锦上添花，而对农民真正需要的重大疾病保障供给不足。与新农合相比，城乡医保虽然加大了对门诊的保障力度，但是对农民门诊负担并未表现出保护作用，其原因可能是门诊需求弹性更大，患者使用或被使用了更多的医疗服务。因此，城乡医保并轨后还需要不断完善制度设计，在保证基金安全的前提下，提高医疗待遇。

　　当然，本部分也存在不足之处。首先，本部分所用的倍差分析法强烈依赖统筹组和对照组的医疗支出倾向具有相同的时间趋势，虽然我们在分析前用匹配的方法筛选了相似的地级市，又在分析中控制了样本年龄进行稳健性检验，但是受两期面板数据所限，尚不能完全排除两组间的共同趋势有所不同的问题，可能会造成估计结果的上偏。其次，有些地区虽未实施医保市级统筹，但在县域内已完成新农合与城居保的合并统一，本部分将这些地区归到控制组，可能会造成估计结果的下偏。最后，本部分所用的样本来自医保市级统筹试点地区，是在《关于整合城乡居民基本医疗保险制度的意见》下发之前就开始试点的地区，因此，结果更多地代表试点地区。鉴于以上原因，现行大规模"两保"整合的效果有待于依赖更丰富的微观数据来验证。

第四章 城乡医保并轨对农村居民医疗需求的影响

第一节　引言

　　上一章的分析发现，市级统筹的城乡居民医疗保险有效降低了农村居民的医疗负担，并且对穷人的保护作用更大，即市级统筹的医疗保险兼具效率和公平。由于医疗需求是影响医疗负担的一个重要因素，当医疗需求增加或减少时，医疗保险降低参保者医疗负担的作用会被弱化或者强化，故本章通过分析医疗保险对医疗需求的影响以分析医保市级统筹降低农村居民医疗负担的机制。

　　医疗保险改变了医疗服务的价格，从而改变人们的消费决策。大多数研究发现，医疗保险对医疗需求有增加作用。另外，医疗服务消费量还随医疗保险慷慨程度的变化而变化，具体而言，随着自付比例或免赔额度降低，医疗服务的需求量增加，随着保险慷慨程度的降低医疗需求相应减少。

　　关于新农合的研究也发现，新农合增加了农村居民对预防性（Lei and Lin，2009）和治疗性（wagstaff et al.，2009；程令国、张晔，2012；Hou et al.，2014；Cheng et al.，2015）医疗服务的利用率。但是，现今农村发展水平下，家庭经济条件仍旧是制约患者医疗消费的主要因素（王翌秋、张兵，2009；孙梦洁、韩华为，2013），所以医疗保险保障水平的提高并不必然表现为医疗需求的增加。如赵绍阳等（2015）关于成都市城乡医保并轨的研究发现，只有在原来的报销水平较低时，医疗保险保障程度的提高才会增加参保居民的住院服务利用率，而在较高的报销水平下，提高保障程度并不会显著提升居民对住院服务的利用率。马超等（2016）利用 CHARLS 在甘肃、浙江两省的调查数据，发现城乡医保一体化制度仅仅增加了居民对门诊的利用率，而对于医保的重点保障对象——住院服务的利用却没有影响。与马超等

（2016）相同，本章也采用 CHARLS 数据，但使用的是 2011 年和 2015 年全国调查数据，扩大了样本量，同时通过倾向值匹配的方法排除了政策本身的内生性。另外，本章的研究重点是在市级层面统筹的城乡居民医疗保险。

本章的安排如下：第一节为引言，第二节介绍数据来源、变量设置及描述性统计，第三节介绍所用模型，第四节是结果，最后一节为小结。

第二节　数据来源与描述性统计

一、数据来源及变量

本章所用数据在《中国城市统计年鉴 2011》和 CHARLS 2011 年、2015 年数据基础上，新增《中国城市统计年鉴 2015》数据，目的是为构建各市 2011 年、2015 年医生密度和医院密度。首先根据《中国城市统计年鉴 2011》数据匹配出极为相似的 25 个地级市，然后利用 CHARLS 2011年、2015 年微观调查数据构成 2 期平衡面板，删除主要变量缺失值后，符合要求的样本共 3862 个，其中以实施城乡医保市级统筹地区的农村居民为实验组（统筹组），包括 2148 个样本，以不受政策影响的新农合居民为对照组，包括 1714 个样本。

本文将居民医疗服务需求分为 3 类。第一类代表医疗服务的可及性，主要包括是否购买处方药和非处方药、是否有需要住院而未住院的情况、是否因没钱而放弃住院、门诊就诊率、住院率。第二类为医疗服务利用的数量，分为预防性医疗服务和治疗性医疗服务，其中预防性医疗服务是指为了防止疾病的发生而采取的医疗措施，如健康体检、疾病筛查等。考虑到慢性病已经成为我国最主要的疾病类型，因此，本文用慢性病发病率衡量预防性医疗服务的使用情况。在短期内，如果一地慢性病发病率增加，说明居民使用了更多预防性医疗服务从而提高了疾病的发现率。目前，用于衡量医疗服务利用的指标有多种，但每种指标都有一定的局限性。本文借鉴文献中常用的医疗总费用作为医疗服务利用的综合指标，但医疗总费用是医疗服务数量、价格和质量的综合体现，即使排除我国医疗服务价格受管制、在短期内不会发生很大变化的现实情况，医疗总费用也是医疗服务利用数量和质量的综合体现，故本文同时将门诊就诊次数和住院天数作为医疗服务利用的衡量指标以更准确反映医疗服务的利用情况。第三类为就诊机构的等级，CHARLS 问卷中询问了上个月最后一次门诊和去年最后一次住院就诊医院的类型（综合医院、专科医院、中医院、社区卫生服务中心、乡镇卫生院、卫生服务站、村诊所 / 私人诊所）和等级（县 / 市 / 区级、地 / 市级、省 / 部属、军队）。本文综合这两个问题的选项，将就诊医院的等级划分为 4 级，其中乡镇及以下为 1 级、县级医院为 2 级、市级医院为 3 级、省级及以上医院为 4 级。

医疗保险市级统筹是本文的主要解释变量。参照相关文献，其他影响医疗服务利用的变量包括：个人特征变量、经济因素变量、医疗需求变量。个人特征变量具体包括年龄、性别、受教育程度、婚姻状况，为控制地区差异对医疗服务利用的影响，本文控制了地区虚拟变量。经济因素变量主要用家庭人均年收入代表，收入更高的家庭具有更高的支付能力，在患病时更倾向于选择就医，治疗过程中也更倾向于选择贵的治疗手段。医疗需要变量是指影响医疗需求的变量，其中健康状况是重要的影响因素，健康状况不同的个体间会有截然不同的医疗需求。本章选取自评健康状况、患有慢性病的数量两个主客观指标代表医疗需求，自评健康状况能准确反映个体对自身健康状况的感知，被认为是衡量健康状况的有效指标，自评健康差的个人倾向于使用更多医疗服务。慢性病以不可治愈性为主要特征，慢性病患者具有持续的药物需求和就诊需求，并且健康恶化的速度也更快，因此是医疗需求数量的重要决定因素。另外，在我国医生诱导需求被认为是影响医疗服务利用的一个重要因素，因此，本文将医生密度

（每万人医生数）、医院密度（每万人医院数）作为医生诱导需求的代理变量。其他控制变量的设置见表 4-1。

二、描述性统计

表 4-1 给出了各变量的描述性统计。第一，就医可及性相关变量。2015 年购买药品的人数明显增加，对照组增加了 4%，统筹组则增加了 11%，两组相差 7 个百分点且在 5% 水平上具有统计显著性，说明医保市级统筹后，有更多居民选择自行购药，即医保市级统筹增加了居民对非正规医疗服务的利用。与 2011 年相比，2015 年对照组新增 3% 的居民应该住院而未住院治疗，统筹组新增 2%，可能是医疗费用的快速上涨超过了更多农村居民的承担能力。由于两组间的增长幅度相差不大，最后一列 DID 的结果无显著变化。对照组居民因没钱而放弃住院的人数增加了 2%，而统筹组的人数基本无变化，总体而言，两组相差 2 个百分点且在 5% 水平上显著，说明医保市级统筹降低了农村居民因没钱而放弃住院的发生率。与对照组相比，统筹组的门诊就诊率增加了 3%，但两组间不具有统计显著性，因此，没有证据表明医保市级统筹增加门诊就诊率。随着时间推移，两组的住院率都在增加，可能是随着年龄增加健康恶化的结果，虽然统筹组的住院率比对照组低 1 个百分点，但是，同样不具有统计显著性，因此没有证据表明医保市级统筹对居民住院率有影响。以上分析初步表明医保市级统筹增加了农村居民医疗服务的可及性，具体表现在增加了农村居民自行购药率，降低了因没钱而放弃住院的发生率。

第二，医疗服务的利用情况。随着时间变化，慢性病发病率在两组间均迅速增加，且统筹组的发病率更高，比对照组高 2 个百分点，可能的解释是医保市级统筹促使更多居民进行慢性病筛查，提高了慢性病的发现率。就门诊次数和门诊总花费而言，虽然统筹组的水平高于对照组，但是两组间的差异不显著。同样，两组的住院天数和住院花费也不存在显著差别。两组间在中医治疗、输液、检查等具体医疗服务利用上也没有表现出差异。

第三，看门诊时，人们最常去的为乡镇及以下卫生机构，医保市级统筹前后，两组间的门诊就诊机构等级选择没有发生实质性变化。需要住院时，人们主要选择县级医院，但是，相较于 2011 年，2015 年对照组居民更多地选择高级别医院住院，而统筹组居民的就诊选择则没有表现出时间差异，所以两者住院医院等级具有差异，并且在 10% 水平上显著，这种差异可能来源于医保市级统筹后对低级别医院住院给予更高的补偿，即医保市级统筹有效引导农村居民到低级别医院住院。

表 4-1 描述性统计

变量	对照组			统筹组			
被解释变量	2011 年	2015 年	差值	2011 年	2015 年	差值	DID
类型 1							
购药（否 =0）	0.47（0.02）	0.51（0.02）	0.04*（0.02）	0.45（0.02）	0.56（0.02）	0.11***（0.02）	0.07**（0.03）
应住院而未住院（否 =0）	0.02（0.00）	0.05（0.01）	0.03***（0.00）	0.02（0.00）	0.04（0.01）	0.02**（0.09）	−0.01（0.01）
因没钱放弃住院（否 =0）	0.01（0.00）	0.03（0.01）	0.02***（0.00）	0.01（0.00）	0.01（0.00）	0.00（0.01）	−0.02**（0.01）
门诊就诊率（就诊 =1，否 =0）	0.20（0.01）	0.18（0.01）	−0.02（0.02）	0.16（0.01）	0.17（0.01）	0.01（0.02）	0.03（0.02）
住院率（住院 =1，否 =0）	0.04（0.01）	0.07（0.01）	0.03***（0.01）	0.05（0.01）	0.07（0.01）	0.02（0.01）	−0.01（0.01）
类型 2							
慢性病发病率	0.64（0.01）	0.73（0.01）	0.09***（0.02）	0.57（0.02）	0.68（0.02）	0.11***（0.02）	0.02*（0.01）
门诊次数	0.45（0.04）	0.38（0.04）	−0.07（0.05）	0.38（0.04）	0.35（0.04）	−0.03（0.06）	0.04（0.07）
门诊花费	50.72（10.04）	64.28（11.31）	13.56（15.12）	41.20（9.00）	66.12（13.63）	24.92（16.33）	11.36（22.02）
住院天数	0.51（0.10）	0.76（0.11）	0.25*（0.15）	0.63（0.11）	0.72（0.11）	0.09（0.16）	−0.16（0.21）

续表

变量	对照组			统筹组			
被解释变量	2011年	2015年	差值	2011年	2015年	差值	DID
住院花费 （元）	259.12 （56.17）	607.63 （112.05）	348.51*** （125.34）	331.46 （93.05）	492.80 （112.14）	161.34 （145.72）	−187.17 （190.30）
中医治疗	0.01 （0.00）	0.01 （0.00）	0.00 （0.00）	0.00 （0.00）	0.01 （0.00）	0.01 （0.00）	0.01 （0.01）
输液	0.07 （0.01）	0.07 （0.01）	0.00 （0.01）	0.05 （0.01）	0.06 （0.01）	0.01 （0.01）	0.01 （0.02）
检查	0.16 （0.01）	0.15 （0.01）	−0.01 （0.02）	0.13 （0.01）	0.14 （0.01）	0.01 （0.02）	0.02 （0.02）
类型3							
门诊医院等级	0.27 （0.02）	0.27 （0.02）	0.00 （0.03）	0.23 （0.02）	0.22 （0.02）	−0.01 （0.03）	−0.01 （0.04）
住院医院等级	0.09 （0.02）	0.18 （0.02）	0.09*** （0.03）	0.11 （0.02）	0.13 （0.02）	0.02 （0.03）	−0.07* （0.03）
解释变量							
年龄	58.01 （0.28）	62.02 （0.28）	4.01*** （0.39）	58.03 （0.33）	61.68 （0.32）	3.65*** （0.46）	−0.36*** （0.10）
男性 （女性=0）	0.47 （0.02）	0.47 （0.02）	0.00 （0.02）	0.46 （0.02）	0.46 （0.02）	0.00 （0.02）	0.00 （0.00）
受教育程度	3.21 （0.05）	3.21 （0.05）	0.00 （0.07）	3.11 （0.06）	3.11 （0.06）	0.00 （0.08）	0.00 （0.00）
在婚 （其他=0）	0.92 （0.01）	0.87 （0.01）	−0.05*** （0.01）	0.90 （0.01）	0.86 （0.01）	−0.04*** （0.02）	0.01 （0.01）
家庭年人均 收入（元）	7567.96 （211.12）	6092.22 （224.53）	−1475.74*** （308.20）	6606.11 （240.02）	6334.61 （250.10）	−271.50 （346.64）	1204.24*** （338.96）
自评健康状况 （差=1；一般 =2；好=3）	1.91 （0.02）	1.88 （0.02）	−0.03 （0.03）	1.90 （0.02）	1.92 （0.02）	0.02 （0.03）	0.05 （0.03）
吸烟（否=0）	1.59 （0.02）	1.57 （0.02）	−0.02 （0.02）	1.59 （0.02）	1.57 （0.02）	−0.02 （0.03）	0.00 （0.00）
喝酒（否=0）	0.35 （0.01）	0.34 （0.01）	−0.01 （0.02）	0.29 （0.02）	0.32 （0.02）	0.03 （0.02）	0.04** （0.02）
住院手术 （否=0）	0.01 （0.00）	0.02 （0.00）	0.01 （0.01）	0.01 （0.00）	0.02 （0.00）	0.01 （0.01）	0.00 （0.01）
住院高值仪器 检查（否=0）	0.02 （0.00）	0.05 （0.01）	0.03*** （0.01）	0.03 （0.01）	0.05 （0.01）	0.02** （0.01）	−0.01 （0.01）

续表

变量	对照组			统筹组			
被解释变量	2011 年	2015 年	差值	2011 年	2015 年	差值	DID
医生数 / 万人	21.29 （0.22）	24.75 （0.32）	3.46*** （0.39）	22.12 （0.47）	23.44 （0.33）	1.32** （0.58）	−2.14*** （0.30）
医院数 / 万人	0.51 （0.02）	0.60 （0.02）	0.09*** （0.02）	0.44 （0.01）	0.46 （0.01）	0.02 （0.01）	−0.07*** （0.01）

注：（1）括号内为标准差；（2）***、**、*分别表示在1%、5%、10%统计水平上显著。

资料来源：作者自制。

第三节　基本模型

一、两部分模型和样本选择模型

正如上一章阐述，医疗总花费中同样含有大量零支出样本，这样，医疗支出的分布变成由一个离散点和一个连续分布所组成的混合分布，如果用最小二乘估计，无论使用全部样本，还是仅使用医疗支出大于0的样本，都不能得到一致的估计量。Tobit 模型可以解决零医疗支出问题，但其强烈依赖误差项的正态分布和同方差假定，而医疗支出数据通常不能满足这一要求。两部分模型也可以处理 0 值问题，同时不依赖正态分布和同方差假定，估计结果也更稳健。因此，我们选择两部分模型估计医疗总费用。该模型假定就医决策与医疗消费是有先后顺序并且相互独立的两个过程，第一部分就医决策可以用线性概率模型估计，第二部分对有医疗消费的样本进行线性估计，某一变量的影响由两部分估计结果共同决定。本文将模型设定为差分内差分形式：

$$P\left(I_i=1\right)=P\left(y_{iat}>0\right)=$$
$$P\left(\alpha_1+\beta_1 Treat_a+\gamma_1 post_t+\rho_1 Treat_a \times post_t+x_{iat}\eta_1+\varepsilon_{iat}>0\right) \tag{4-1}$$

$$\ln（y_{iat}|I_i=1）=\alpha_2+\beta_2 Treat_a+\gamma_2 post_t+\rho_2 Treat_a \times post_t+x_{iat}\eta_2+\xi_{iat} \quad （4-2）$$

随机扰动项 $\varepsilon_{iat}\sim N（0，1）$，$\xi_{iat}\sim N（0，\sigma_\xi^2）$，$\mathrm{cov}（\varepsilon_{iat}，\xi_{iat}）=0$。被解释变量 y_{iat} 代表医疗支出。第一部分的控制变量 x_{iat} 主要包括年龄、性别、受教育程度、婚姻状况、家庭人均收入、自评健康、慢性病数量、万人医生数、万人医院数、市虚拟变量。第二部分的控制变量 x_{iat} 在第一部分基础上加上就诊医院等级、是否手术（住院样本控制）、是否使用高值仪器检查（住院样本控制）。$Treat_a$ 是代表组别的哑变量，取 1 代表统筹组，取 0 代表对照组。$post_t$ 是代表调查年份的哑变量，取 1 代表政策实施后的2015 年，取 0 代表政策实施前的 2011 年。估计系数 ρ_2 是医保市级统筹的效果。

两部分模型要求就医决策和支出多少是两个相对独立的过程，其含义为零医疗支出为居民身体健康而不需要就医的结果。而在农村地区，零医疗支出也可能是个人根据家庭经济状况、医疗价格、就诊方便程度等因素自我选择的结果，即就诊决策和医疗支出是两个相关的过程，此时，如果用两部分模型估计会产生样本选择性偏误。Heckman（1979）提出的样本选择模型可以修正以上原因造成的样本选择偏误，因此我们用该模型做稳健性检验。样本选择性模型由选择方程和结果方程构成，选择方程决定了生病的个人是否就医，即在全样本下运用 Probit 模型估计医保市级统筹对农民就医决策的影响，此过程得到逆米尔斯比率，并作为解释变量进入结果方程，用于修正样本选择性偏误，结果方程对发生就医行为的样本进行线性估计。同样，我们采用差分内差分的形式，模型设定如下：

$$Visit_i=1（\alpha_1+\beta_1 Treat_a+\gamma_1 post_t+\rho_1 Treat_a \times post_t+x_{iat}\eta_1+\varepsilon_{iat}>0） \quad （4-3）$$

$$\ln（y_{iat}|Visit_i=1）=\alpha_2+\beta_2 Treat_a+\gamma_2 post_t+\rho_2 Treat_a \times post_t+x_{iat}\eta_2+\underline{E}_{iat} \quad （4-4）$$

随机扰动项 ε_{iat}，$\underline{E}_{iat}$ 服从二维正态分布，并且（ε_{iat}，$\underline{E}_{iat}$）$\neq 0$。$Visit_i$ 为二元离散变量，取 1 表示就诊，否则为 0。选择方程的控制变量与两部分模型的第一部分相同，结果方程的控制变量同两部分模型的第二部分。

二、审查分位数模型

医疗支出数据除了含有大量 0 值，还存在偏态分布问题，分布通常右偏（见图 4-1）。两部分模型虽然可以解决 0 值问题，在数据非正态分布时估计结果也非常稳健，但是其估计的结果为条件期望值，即医保市级统筹对医疗费用平均值的影响，在数据呈现偏态分布时，条件期望则很难反映整个条件分布的全貌且容易受极端值的影响。为此，Koenker 和 Bassett（1978）提出了分位数回归（Quantile Regression），可以考察自变量对因变量不同分布上的影响，同时使用残差绝对值的加权平均作为最小化目标函数，排除了极端值的异常。Engelhardt 和 Gruber（2011）、Finkelstein 和 McKnight（2008）曾采用该方法研究美国老年人医疗保险计划对受益人医疗支出的影响，但是他们没有考虑 0 值的特殊性。Chernozhukov 和 Hong（2002）将栅栏模型思想与分位数回归模型结合，提出了既能解决 0 值问

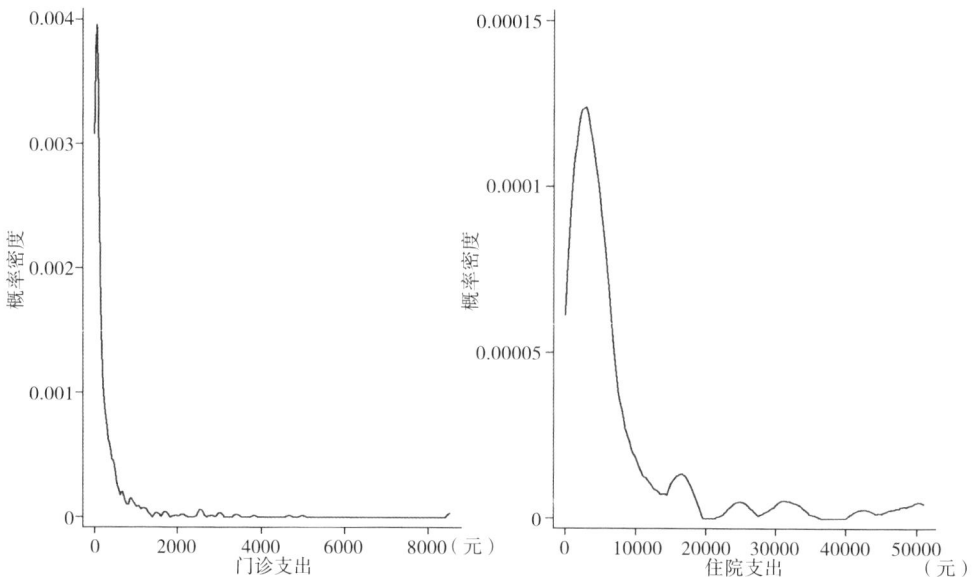

图4-1 门诊和住院医疗支出的概率密度分布

注：图中样本仅为发生医疗支出的个体，其中门诊为700人，住院样本为225人。

资料来源：作者自绘。

题又能考察自变量对因变量不同分位点影响的审查分位数模型，并于2016年写成 Stata 命令，提高了该模型的适用性。本文借助该模型考察医保市级统筹对参保人医疗服务利用的影响，模型如下：

$$Q_{yiat}(q) = \max(\alpha_q + \beta_q Treat_a + \gamma_q post_t + \rho_q Treat_a \times post_t + x_{iat}\eta_q + \delta_q + E_{isat}, \ 0); \ q=1{\sim}99 \tag{4-5}$$

其中，0代表受审查的点，q 表示分位点，其他变量的设置同两部分模型。

三、负二项分布栅栏模型

因变量门诊就诊次数和住院天数属于计数数据，故用计数模型加以估计。泊松回归是最基础的计数模型，但是其要求被解释变量的方差等于均值，由于医疗服务利用数量存在过度分散问题，即方差大于均值，所以泊松回归不适用于本研究。负二项回归放松了方差等于均值的假设，因此可以解决因不可观测的异质性导致的数据过度分散问题，但对于医疗服务利用数据中存在的大量零医疗服务利用样本，负二项分布回归的估计结果不理想。鉴于以上问题，Mullahy（1986）提出了栅栏模型，将事件的发生分为两个不同的决策过程。相应地，医疗服务的使用被看作是两个不同的决策过程（Pohlmeier and Ulrich，1995），与研究医疗支出问题的两部分模型类似，第一个阶段决定是否就诊，主要取决于患者，第二个阶段决定医疗服务利用的数量，主要取决于医生。在栅栏模型的第二阶段应用负二项分布回归可以很好地拟合医疗服务利用数据。负二项分布栅栏模型的分布函数如下：

$$f(y_i|x_i) = \begin{cases} f_1(0) & y_i=0 \\ [1-f_1(0)]\dfrac{f_2(y_i)}{1-f_2(0)} & y_i>0 \end{cases} \tag{4-6}$$

其中 y_i 为门诊次数或住院天数，x_i 为协变量向量，$f_1（0）$ 为零医疗服务利用发生概率，$\dfrac{f_2（y_i）}{1-f_2（0）}$ 为负二项概率分布。

针对第一个阶段的决策，采用 Logit 模型来分析患者的就诊选择（就诊与否），在第二个阶段，则对那些医疗消费数量大于 0 的样本进行负二项回归。为控制统筹组和对照组在医疗服务利用上的共同时间趋势，估计方程依然采用双重差分的形式，具体如下：

$$y_{iat}=\alpha+\beta Treat_a+\gamma_1 post_t+\rho Treat_a \times post_t+x_{iat}\eta+E_{iat} \qquad （4-7）$$

各变量的含义同上文。

四、有序Probit模型

当个体生病时，需要决定在哪个层级医院接受治疗，假设有 j 层级医院可供选择，则个体 i 在 j 层级医院就诊获得的效用为：

$$U_{ij}=U（H_{ij}，C_{ij}） \qquad （4-8）$$

H_{ij} 表示个体 i 在 j 层级医院接受治疗后获得的健康水平。C_{ij} 表示治病以外的其他消费。两者的具体表达式为：

$$H_{ij}=Q_{ij}+H_{i0} \qquad （4-9）$$

$$C_{ij}=Y_i-E_{ij} \qquad （4-10）$$

H_{i0} 为个体 i 的初始健康水平；Q_{ij} 为个体 i 在 j 层级医院接受治疗后的健康增量，其大小除受治疗过程影响外，还受个体特征影响，如年龄、性别、受教育程度等；Y_i 为个体 i 家庭人均收入；E_{ij} 为个体 i 在 j 层级医院的医疗费用。假设个体对所有消费品的偏好具有完备性，则 j 层级医院就诊的条件间接效用函数为：

$$U_{ij}=U（Q_{ij}+H_{i0}，Y_i-E_{ij}）\tag{4-11}$$

本文将就诊医院按等级分为 4 级，其中乡镇及以下医院为 1 级、县级医院为 2 级、市级医院为 3 级、省级及以上医院为 4 级，则个体 i 的效用最大化表达式为：

$$U_{ij}^*=\max（U_{i1}，U_{i2}，U_{i3}，U_{i4}）\tag{4-12}$$

效用最大化的求解可表示为：

$$U_i=\arg\max（U_{i1}^*，U_{i2}^*，U_{i3}^*，U_{i4}^*）\tag{4-13}$$

其中，U_i 取值介于 0 和 1 之间，在实证模型中，我们所用的效用函数的具体形式为：

$$U_{iatj}=\alpha+\beta Treat_a+\gamma post_t+\rho Treat_a\times post_t+x_{iatj}\eta+E_{iatj}\tag{4-14}$$

其中 α、β、γ、ρ、η 为待估参数；x_{iatj} 包括个人特征变量如年龄、性别、受教育程度、婚姻状况、自评健康状况、慢性病数量等；家庭特征变量如家庭人均收入等；医院特征如离家距离、医院密度等。j 层级医院被选择的概率为：

$$P（U_i=j）=F（\alpha+\beta Treat_a+\gamma post_t+\rho Treat_a\times post_t+x_{iatj}\eta+E_{iatj}）\tag{4-15}$$

$F（P）$ 为非线性函数，其值在 0 到 1 之间，因为文中医院层级为有序变量，所以，我们用有序 Probit 模型估计，选择规则为：

$$F（U_i=\mathrm{j}）\begin{cases}1，j<\gamma_1\\2，\gamma_1<j<\gamma_2\\3，\gamma_2<j<\gamma_3\\4，j<\gamma_3\end{cases}\tag{4-16}$$

其中 γ_1、γ_2、γ_3 为切点。

第四节　结果

一、医保市级统筹对农村民居就医可及性的影响

医保市级统筹对农村居民就医可及性的影响见表4-2。实施医保市级统筹的地区，居民自行购药的人数显著增加，与新农合地区居民相比，平均提高了7.4%，说明市级统筹的医保提高了农村居民非正规医疗服务的可及性。"两保"整合后，很多地区效仿职工医疗保险的个人账户，将保费的一定比例抽提出来形成家庭医疗账户，主要用于零售药店购药和支付门诊费用，自行购药人数的增加可能是家庭医疗账户的作用。另一种可能的原因是2009年基层医疗机构开始实施基本药物制度，多地调研发现，基本药物制度实施后，药物价格不降反升，且基本药物种类过少导致村卫生室及乡镇卫生院缺少必需的药品，农村居民被迫自行到零售药店买药。

对于农村居民而言，就医可及与否还体现在生病时能否得到及时的救治，主要包括小病（门诊治疗）和大病（住院治疗）。表4-2的结果显示，医保市级统筹并没有明显影响农村居民的门诊就诊率和住院率。另外，慢性病是影响农村居民就医的重要因素，慢性病数量多的居民更倾向于自行购药，门诊和住院需求更高，应住院而未住院的人数也更多。

表4-2　医保市级统筹对农村居民就医可及性的影响

变量	购药	门诊就诊率	应住院而未住院	因没钱放弃住院	住院率
统筹 × 调查年份	0.074** （0.030）	0.018 （0.024）	0.005 （0.011）	−0.285 （0.175）	−0.011 （0.014）
统筹	0.261*** （0.052）	−0.175*** （0.044）	0.025 （0.027）	0.044 （0.140）	0.007 （0.026）

续表

变量	购药	门诊就诊率	应住院而未住院	因没钱放弃住院	住院率
调查年份	0.010 （0.021）	−0.021 （0.017）	0.013* （0.007）	0.083 （0.106）	0.015 （0.010）
年龄	0.002* （0.001）	−0.001 （0.001）	−0.000 （0.000）	0.001 （0.005）	0.001*** （0.000）
男性 （女性 =0）	−0.037** （0.016）	−0.058*** （0.013）	0.006 （0.006）	0.147 （0.090）	0.009 （0.008）
受教育程度	0.012** （0.005）	0.004 （0.004）	0.002 （0.002）	−0.047* （0.025）	−0.001 （0.003）
在婚 （其他 =0）	0.058** （0.026）	0.040** （0.020）	−0.011 （0.008）	−0.040 （0.102）	−0.002 （0.011）
自评健康状况 （差 =1；一般 =2；好 =3）	−0.126*** （0.013）	−0.080*** （0.011）	−0.024*** （0.005）	−0.076 （0.075）	−0.040*** （0.007）
慢性病数量	0.068*** （0.007）	0.036*** （0.005）	0.014*** （0.002）	0.024 （0.023）	0.012*** （0.003）
家庭年人均 收入（元）	0.000 （0.000）	−0.000 （0.000）	−0.000 （0.000）	−0.000*** （0.000）	−0.000 （0.000）
市虚拟变量	控制	控制	控制	控制	控制
样本数	3862	3848	3784	118	3848

注：（1）上述为 Probit 模型估计结果，系数为平均边际效应；（2）括号内为稳健标准差；（3）***、**、* 分别表示在 1%、5%、10% 统计水平上显著。

资料来源：作者自制。

二、医保市级统筹对农村居民医疗需求的影响

（一）对门诊需求的影响

医保市级统筹对门诊需求的影响见表 4−3，其中第 2~5 列为医保市级统筹对单次门诊总费用的影响，分别用两部分模型和 Heckman 模型估计，后 2 列为医保市级统筹对过去 1 个月门诊次数的影响，为负二项分布栅栏模型估计结果。

Heckman 模型的逆米尔斯比率为 −2.675，不具有显著性，说明就医决策和费用支出决策不相关，是两个相互独立的过程。这种情况下，两部分

模型的估计结果更稳健[①]，因此，我们用两部分模型的估计结果进行解释。医保市级统筹后，单次门诊的总费用增加了 25.4%，但是不具有显著性。自评健康和就诊医院的等级是影响医疗支出的重要因素，自评健康好的个体医疗费用更低，就诊医院的等级越高则花费越多。

由于医疗支出数据的分布并非对称，上述期望效应并不能反映医保市级统筹效果的全貌，因此，我们进一步考察了医保市级统筹对单次门诊总费用不同分位数上的影响，结果见表 4-4。在医疗支出的所有非零百分位上，医保市级统筹对单次门诊总费用都没有显著影响，说明医保市级统筹并没有改变农村居民门诊消费的总量。

但是，总费用仅是一个反映医疗服务利用量的综合性指标，同时包含了价格和数量的变化，因此我们进一步用过去 1 个月门诊就诊次数来反映医疗服务利用数量的变化。由表 4-3 负二项分布栅栏模型第二阶段的估计结果发现，医保市级统筹对居民门诊就诊次数也没有明显影响。随着年龄增加、身体状况变差，就诊次数也相应增多。自评健康好的人门诊次数少，而慢性病越多的人，门诊次数也越多。

表 4-3　医保市级统筹对门诊需求的影响

变量	单次门诊总费用（对数）				门诊次数	
	两部分模型		Heckman 模型		负二项分布栅栏模型	
	第一部分	第二部分	选择方程	结果方程	第一阶段	第二阶段
统筹 × 调查年份	0.099 （0.181）	0.254 （0.203）	0.057 （0.102）	0.144 （0.326）	−0.096 （0.181）	−0.041 （0.255）
统筹	−1.150*** （0.314）	−0.101 （0.403）	−0.667*** （0.178）	1.638 （1.695）	0.477 （0.423）	−0.880 （0.677）
调查年份	−0.098 （0.127）	0.325** （0.137）	−0.049 （0.071）	0.422* （0.236）	0.105 （0.127）	−0.098 （0.177）
年龄	−0.005 （0.006）	−0.000 （0.006）	−0.003 （0.003）	0.005 （0.011）	0.005 （0.006）	0.015* （0.009）
男性 （女性 =0）	−0.430*** （0.098）	0.059 （0.111）	−0.244*** （0.055）	0.557 （0.620）	0.428*** （0.098）	−0.228 （0.158）

---

① 在是否就诊和花费多少相对独立时，Heckman 模型可以作为两部分模型的稳健性检验。

续表

| | 单次门诊总费用（对数） | | | | 门诊次数 | |
	两部分模型		Heckman 模型		负二项分布栅栏模型	
受教育程度	0.033 （0.032）	0.022 （0.036）	0.017 （0.018）	−0.013 （0.067）	−0.032 （0.032）	0.034 （0.045）
在婚 （其他=0）	0.277* （0.150）	−0.040 （0.183）	0.169** （0.086）	−0.390 （0.489）	−0.279* （0.150）	0.198 （0.218）
自评健康状况 （差=1；一般 =2；好=3）	−0.605*** （0.085）	−0.385*** （0.084）	−0.341*** （0.046）	0.308 （0.845）	0.603*** （0.085）	−0.326*** （0.121）
慢性病数量	0.260*** （0.035）	0.029 （0.036）	0.149*** （0.020）	−0.266 （0.363）	−0.264*** （0.035）	0.097** （0.041）
家庭年人均 收入	−0.000 （0.000）	0.000 （0.000）	−0.000 （0.000）	0.000 （0.000）	0.000 （0.000）	0.000 （0.000）
门诊医院等级	— —	0.974*** （0.094）	— —	0.970*** （0.084）	— —	— —
医生数/万人	−0.023* （0.014）	−0.010 （0.016）	−0.013* （0.008）	0.017 （0.039）	0.023* （0.014）	−0.030 （0.021）
市虚拟变量	控制	控制	控制	控制	控制	控制
常数项	0.741 （0.513）	3.827*** （0.672）	0.361 （0.288）	4.761*** （1.795）	−0.123 （0.664）	−0.330 （1.049）
逆米尔斯比率	—	—	−2.675 （3.193）	—	—	—
条件方差 方程[①]	— —	— —	— —	— —	— —	1.146*** （0.429）
样本数	3848		3862		3862	

注：（1）括号内为稳健标准差；（2）***、**、*分别表示在1%、5%、10%统计水平上显著。
资料来源：作者自制。

表4-4　医保市级统筹对单次门诊总费用不同分位数上的影响

变量	90	91	92	93	94	95	96	97	98	99
统筹 × 调查 年份	25.000 （30.738）	45.745 （37.328）	−25.532 （44.360）	−25.532 （58.498）	−59.574 （61.397）	−38.830 （89.195）	14.894 （116.683）	−1.38e−13 （243.090）	285.106 （577.766）	510.638 （1881.820）
统筹	−25.000 （21.848）	−50.000* （26.061）	−25.532 （32.370）	−25.532 （40.490）	−59.57448 （53.397）	−25.000 （62.555）	−100.000 （84.533）	−1.38e−13 （198.533）	−200.000 （413.201）	−0.000 （1390.366）

[①]　条件方差方程（Lnalpha）在1%水平上具有显著性，说明数据存在过度分散，用负二项回归是合适的。

续表

变量	90	91	92	93	94	95	96	97	98	99
调查年份	15.106 （20.609）	6.383 （24.624）	50.191 （30.554）	56.745 （36.526）	65.319 （46.166）	119.149** （58.923）	125.532* （74.844）	110.6383 （161.844）	165.957 （387.224）	291.489 （1287.683）
常数项	70.000*** （14.545）	100.000*** （16.974）	153.191*** （29.784）	195.745*** （40.177）	255.319*** （40.221）	200.000*** （40.878）	300.000*** （54.984）	510.638*** （161.832）	600.000** （270.520）	900.000 （959.208）
样本量	3862									

注：（1）括号内为稳健标准差；（2）***、**、*分别表示在1%、5%、10%统计水平上显著。
资料来源：作者自制。

考虑到总费用和就诊次数的变化仅反映了医疗需求量的变化，并不能反映需求类型的变化，即医保市级统筹是否改变了农村居民的医疗消费结构，如果某几种消费的增加正好抵消另一些消费的减少，则这种变化并不会反映到总费用上。因此，本文继续考察医疗消费类型的变化。

根据现实情况，笔者选取了门诊中使用量较大的3种医疗服务：中医治疗、输液、高值仪器检查。其中，中医讲究治未病，在疾病预防和健康促进方面有着积极作用。为鼓励中医的使用，国家出台的多份关于农村医疗机构发展改革的文件都强调了中医的建设。例如，2001年《关于农村卫生改革与发展的指导意见》中指出，农村卫生服务网络建设中，要注重发挥中医药的作用；国务院印发的《"十二五"期间深化医药卫生体制改革规划暨实施方案》更是强调，到2015年，力争95%以上的社区卫生服务中心、90%的乡镇卫生院、70%以上的社区卫生服务站和65%以上的村卫生室能够提供中医药服务，鼓励零售药店提供中医坐堂诊疗服务。笔者在浙江和山东的调研也发现，相对于西医，中医更受农村居民的欢迎。输液本是临床治疗的一种手段，但我国一直存在过度使用的情况。据统计，2009年中国医疗输液104亿瓶，平均到13亿人口，相当于每个中国人1年里挂了8个吊瓶，远远高于国际上2.2~3.3瓶的平均水平。同输液一样，核磁共振、X 射线、CT 机、B 超机等高值仪器检查在我国也存在过度使用的现象，这类仪器之所以被过度使用，是因为我国对医院检查仪器的使用价格采用两套不同的定价机制。1989 年之前的仪器采用政府定价，价格一般偏低，而对 1989 年之后的新仪器新设备则采用快速折旧的方法，导致这些仪器的使用价格偏高，医院的利润也更高。

医保市级统筹对 3 种医疗服务的影响见表 4-5。从第一行结果发现，中医治疗和输液的人数分别增加了 2.5% 和 4.6%，高值仪器的使用人数减少了 2.1%，但是均不具有显著性，说明医保市级统筹后农村居民的三大主要门诊消费没有发生实质性改变。进一步分析发现，输液的使用与医生密度高度正相关，每万人口中每增加 1 名医生，患者门诊就诊被输液的概率提高 0.3 个百分点，该结论与许多研究供给诱导需求的结论相一致，即医生密度增加，患者使用的医疗服务数量增加或使用非必需医疗服务的人数增加。输液及高值仪器检查的使用与医院等级成反比，即医院等级越低，两种服务的提供越多。结合我国农村居民主要的门诊就诊机构为乡镇卫生院及以下医疗机构的特点，说明基层医疗机构是输液和高值仪器检查滥用的重灾区。

表 4-5　医保市级统筹对不同类型医疗服务的影响

变量	中医治疗	输液	高值仪器检查
统筹 × 调查年份	0.025 （0.030）	0.046 （0.073）	−0.021 （0.062）
统筹	−0.016 （0.021）	−0.030 （0.052）	0.029 （0.043）
调查年份	−0.009 （0.019）	0.038 （0.047）	0.046 （0.040）
年龄	0.000 （0.001）	−0.001 （0.002）	0.001 （0.002）
男性（女性 =0）	−0.006 （0.016）	0.046 （0.040）	−0.023 （0.034）
受教育程度	0.001 （0.005）	−0.021* （0.012）	−0.004 （0.010）

续表

变量	中医治疗	输液	高值仪器检查
在婚（其他 =0）	−0.014 （0.023）	−0.058 （0.060）	0.019 （0.052）
自评健康状况 （差 =1；一般 =2； 好 =3）	−0.007 （0.013）	−0.017 （0.032）	−0.016 （0.027）
慢性病数量	0.001 （0.005）	−0.006 （0.013）	0.002 （0.011）
家庭年人均收入 （元）	−0.000 （0.000）	−0.000 （0.000）	0.000 （0.000）
医生数 / 万人	−0.000 （0.001）	0.003* （0.002）	0.000 （0.002）
门诊医院等级	0.017* （0.010）	−0.107*** （0.030）	−0.065*** （0.022）
样本量	700		

注：(1) 报告的系数为Probit模型估计的平均边际效应；(2) 括号内为稳健标准差；(3) ***、*分别表示在1%、10%统计水平上显著。

资料来源：作者自制。

农村基本医疗保险的重点是保大病，随着医疗保险改革的深化，保障范围才逐渐扩大到门诊治疗。而对于门诊的保障模式各地有所不同，主要模式有家庭医疗账户和统筹两种，但无论采取哪种形式，其保障力度远不如住院，比如更低的报销比例、更低的封顶线等。尽管医保市级统筹后因基金池增加、医保目录扩大等原因，农村居民享受的门诊保障水平也相应提高，但是，医疗保险的重点仍旧是对大病的保障，这也许可以解释为什么保障水平的提高没有改变居民对门诊服务的利用状况。

（二）对住院需求的影响

无论是之前的新农合还是整合后的城乡医保，均将保障的重心放在住院治疗上。医疗需求作为影响医疗保险发挥作用的一个重要因素，其变化水平直接决定患者医疗负担的变化方向。在住院医疗负担降低的前提下，住院需求可能的变化包括两种，一种是需求增加，但是增加的幅度小于医疗保险对医疗支出的降低；另一种是医疗需求减少。

　　基于以上假设，本章进一步验证农村居民住院需求的变化，估计结果见表4-6。其中第2~5列为医保市级统筹对单次住院总费用（对数）[①]的影响，分别用两部分模型和Heckman模型估计。Heckman模型的逆米尔斯比率为−9.721，不具有显著性，表明住院决策的两个过程相互独立，这也是Heckman模型的估计结果与两部分模型的估计结果基本相同的原因。具体来看，医保市级统筹后，居民的住院医疗费用有所降低，但是不具有显著性。手术、高值仪器检查、更高的医院等级显著增加住院费用，其中使用高值仪器检查的患者比不使用的患者费用高33.0%，体现了检查费在住院花费中所占的比重之大。医院等级每上升1个等次，住院费用就增加51.1%。后两列为住院天数的负二项分布栅栏模型估计结果，最后一列的结果显示，住院天数因医保市级统筹而增加，但是仍然不具有显著性。

表4-6　医保市级统筹对农村居民住院需求的影响

| 变量 | 单次住院总费用（对数） | | | | 住院天数 | |
| | 两部分模型 | | Heckman 模型 | | 负二项分布栅栏模型 | |
	第一部分	第二部分	选择方程	支出方程	第一阶段	第二阶段
统筹 × 调查年份	−0.362 （0.306）	−0.036 （0.360）	−0.121 （0.146）	1.043 （3.726）	−1.466 （1.680）	0.047 （0.212）
统筹	0.292 （0.571）	−1.292 （0.974）	0.102 （0.264）	−2.168 （4.146）	−3.993 （3.164）	−0.233 （0.390）
调查年份	0.393* （0.214）	0.004 （0.184）	0.157 （0.105）	−1.316 （4.248）	1.324 （1.739）	−0.197 （0.154）
年龄	0.028*** （0.009）	0.007 （0.009）	0.013*** （0.004）	−0.098 （0.326）	0.064* （0.035）	−0.002 （0.005）
男性（女性=0）	0.197 （0.158）	0.259 （0.175）	0.087 （0.076）	−0.480 （2.420）	−0.736 （0.551）	0.177* （0.094）
受教育程度	−0.009 （0.050）	0.046 （0.059）	−0.012 （0.025）	0.144 （0.429）	0.343 （0.215）	−0.038 （0.032）
在婚（其他=0）	−0.054 （0.217）	−0.150 （0.223）	−0.018 （0.109）	−0.022 （1.320）	0.607 （0.642）	−0.160 （0.130）

[①] 住院总费用仅指医疗费用，不包括陪护的费用、自己或家人的交通费和食宿费。

变量	单次住院总费用（对数）				住院天数	
	两部分模型		Heckman 模型		负二项分布栅栏模型	
	第一部分	第二部分	选择方程	支出方程	第一阶段	第二阶段
自评健康状况（差 =1；一般 =2；好 =3）	−0.811***（0.130）	−0.212（0.130）	−0.381***（0.065）	2.887（9.516）	0.288（0.260）	0.028（0.088）
慢性病数量	0.237***（0.046）	−0.024（0.063）	0.117***（0.026）	−0.947（2.842）	−0.151（0.157）	−0.000（0.032）
家庭年人均收入（元）	−0.000（0.000）	−0.000（0.000）	−0.000（0.000）	0.000（0.000）	0.000（0.000）	−0.000（0.000）
手术（否 = 0）	—	0.698***（0.198）	—	0.688（0.722）	−14.526***（2.264）	−0.056（0.117）
高值仪器检查（否 = 0）	—	0.330**（0.146）	—	0.356（0.657）	−6.758（5.110）	0.234***（0.090）
住院医院等级	—	0.511***（0.109）	—	0.489（0.383）	−6.835***（1.148）	0.251***（0.060）
医生数 / 万人	−0.007（0.019）	0.004（0.017）	−0.004（0.010）	0.032（0.142）	0.076*（0.042）	0.002（0.011）
市虚拟变量	控制	控制	控制	控制	控制	控制
常数项	−3.596***（0.900）	7.087***（0.884）	−1.873***（0.396）	29.050（67.234）	2.561（3.305）	2.158***（0.596）
逆米尔斯比率	—	—	−9.721（29.616）	—	—	—
条件方差方程	—	—	—	—	—	−1.373***（0.140）
样本量	3848		3862		3862	

注：（1）括号内为稳健标准差；（2）***、**、*分别表示在1%、5%、10%统计水平上显著。
资料来源：作者自制。

正如门诊支出一样，住院医疗支出同样呈非对称分布，相较于门诊费用，右偏更严重，其中均值为 7276.874 元，中位数为 4200 元，所以上述均值回归结果并不能反映医保市级统筹对住院需求影响的全貌。医保市级统筹对住院费用不同分位数上的影响见表 4–7，由于样本中大量居民没有住院，所以第一个非零的百分位点为 96，该位点上，住院费用降低了 3002.128 元，大约降低了 41.3%，更高百分位点的花费则不受医保市级统筹政策的影响。进一步分析发现，该分位点上的住院天数减少了 8 天（见表 4-8），说明医保市级统筹减少了农村居民对住院服务的利用，但是仅在低分位点发挥作用。可能的原因是在疾病不太严重的情况下，农民住院需求富有弹性，"两保"整合通过减少不必要资源的浪费，提高了医疗资源的使用效率。同时，结果也证明农民住院负担的降低是住院需求减少的结果，与本文假设一致。

表 4-7　医保市级统筹对住院费用不同分位数上的影响

变量	96	97	98	99
统筹 × 调查年份	−3002.128*** （1145.121）	−1446.808 （1675.976）	−451.064 （6635.350）	148.936 （11800.162）
统筹	1300.000 （824.989）	−1446.808 （4146.122）	−400.000 （4691.911）	−1000.000 （8285.783）
调查年份	3755.319*** （769.808）	3276.596** （1573.016）	2208.511 （4403.056）	9021.277 （7642.345）
常数项	500.000 （547.493）	2000.000* （1121.085）	4600.000 （3113.446）	8000.000 （5558.677）
样本数	3862			

注：(1) 表中系数为审查分位数回归的结果；(2) 括号内为稳健标准差；(3)***、**、*分别表示在1%、5%、10%统计水平上显著。

资料来源：作者自制。

表 4-8　医保市级统筹对住院天数不同分位数上的影响

变量	96	97	98	99
统筹 × 调查年份	−8.000*** （1.263）	−1.000 （3.036）	−1.000 （4.431）	−1.000 （13.024）
统筹	6.000*** （0.903）	1.000 （2.119）	1.000 （3.062）	1.000 （9.312）
调查年份	7.000*** （0.780）	2.000 （2.004）	4.000 （2.768）	4.000 （8.548）
常数项	−0.000 （0.578）	7.000*** （1.356）	10.000*** （1.842）	14.000** （6.199）
样本数	3862			

注：(1) 表中系数为审查分位数回归的结果；(2) 括号内为稳健标准差；(3)***、**分别表示在1%、5%统计水平上显著。

资料来源：作者自制。

（三）对预防性医疗需求的影响

与治疗性医疗服务的消费不同，预防性医疗服务的利用并不能产生立竿见影的作用，但是其对健康的重要性不言而喻。我国传统医学四大经典著作之一的《黄帝内经》有云："上医治未病，中医治欲病，下医治已病。"西方也有古语："一两预防胜过一磅治疗。"中西方的观点均体现了预防保健的重要性。预防性医疗服务的消费不仅关系到农村居民未来的健康状况，更关系到我国基本医疗保险基金的可持续性。因此，一个好的医疗保险体系应体现在对预防保健的重视上。

医保市级统筹对农村居民预防性医疗需求的影响见表4-9。结果显示，医保市级统筹对农村慢性病发病率没有显著影响，即农村基本医疗保险制度的升级换代并没有鼓励居民进行疾病的早期筛查。与不重视疾病预防相对应，农村地区慢性病的高发成为不可忽视的问题。表中调查年份的系数说明，在2011—2015年期间，新农合覆盖地区的慢性病发病率增加了5.5个百分点。虽然"统筹 × 调查年份"的系数不具有显著性，但其为正，说明统筹地区的慢性病发病速度与新农合地区相比有过之而无不及。另外，考虑到统筹组的慢性病发病率基数高于对照组12.7个百分点，可推断2015年统筹地区的慢性病情况更不容乐观。

表4-9　医保市级统筹对农村居民预防性医疗需求的影响

变量	慢性病发病率
统筹 × 调查年份	0.032 （0.029）
统筹	0.127*** （0.046）
调查年份	0.055*** （0.020）
年龄	0.006*** （0.001）

续表

变量	慢性病发病率
男性（女性 =0）	−0.071*** （0.022）
受教育程度	0.008 （0.005）
在婚（其他 =0）	−0.015 （0.025）
自评健康状况（差 =1；一般 =2；好 =3）	−0.184*** （0.012）
吸烟（否 =0）	−0.007 （0.020）
喝酒（否 =0）	0.011 （0.018）
家庭年人均收入（元）	−0.000 （0.000）
样本量	3862

注：(1) 表中结果为 Probit 模型估计的结果，系数为平均边际效应；(2) 括号内为稳健标准差；(3) *** 表示在1%统计水平上显著。

资料来源：作者自制。

当然，慢性病的发生依赖于多种因素，表中结果也显示，慢性病的发生与年龄和性别极其相关。年龄增加 1 岁，患慢性病的可能性增加 0.6%，且女性更容易患上慢性病。但是，我们至少可以得出结论，农村现行的医疗保险制度过分强调疾病的治疗而忽视疾病的早期筛查和预防。

三、医保市级统筹对农村居民就诊医院的影响

研究发现，医疗保险改变了人们的就医选择，增加了正规医疗机构及大医院的利用率。如关于加纳的研究发现，相对于缺乏保险者，有医疗保险的产妇更多选择正规医院分娩（Nketiah-Amponsah and Arthur，2013）；关于菲律宾的研究也得到了同样的结论（Gouda et al.，2016）。关于我国的研究也发现，城市医保患者更多选择市级以上医疗机构就诊（王俊等，2008），新农合则促使许多之前倾向于到村诊所和乡镇卫生院看病的农村

居民到医疗条件更好的县市级医疗机构乃至省级或者专业性较强的医院进行就诊（Brown et al.，2009；Wagstaff et al.，2009）。

就诊医院层级的提高可以改善患者的福利，但是若非诊疗必需，到大医院就诊则造成医疗资源的浪费。在我国特别是在农村地区，居民对村诊所和乡镇卫生院普遍缺乏信任（顾昕，2008），对到大医院就诊更多地带有一定的盲目性，这种盲目性不但造成看病难、看病贵，更造成有限医疗资源的浪费和医保基金的支付压力。

为引导居民合理就医，农村医疗保险制度在补偿上更偏向于低层次医院，在起付线、报销比例、封顶线的设置上均给予适当倾斜。例如，到乡镇卫生院住院可享受最低的起付线和最高的报销比例。但是，关于农村医疗保险这种偏向性补偿政策的实证研究，并没有发现其在农村居民医院层级选择上起到有效的引导作用（江金启，2013；宁满秀，2014；赵绍阳等，2014）。

医保市级统筹是否改变了农民的就诊习惯，缓解我国"大医院战时状态，基层医院门可罗雀"的就医局面，估计结果见表4-10。相对于新农合地区，医保市级统筹地区的居民无论门诊还是住院都更倾向于到更低层级医院就诊，而新农合地区居民高级别医院就诊的惯性却得到不同程度的强化。另外，年轻人和受教育程度较高的患者更偏好到高级别医院门诊治疗，女性患者更青睐到高级别医院住院。

表4-10　医保市级统筹对居民就诊医院的影响

变量	门诊医院	住院医院
统筹 × 调查年份	−0.485** （0.216）	−0.683* （0.351）
统筹	1.660*** （0.380）	0.400 （0.660）
调查年份	0.400*** （0.144）	0.689*** （0.258）
年龄	−0.017** （0.007）	−0.000 （0.010）

续表

变量	门诊医院	住院医院
男性（女性 =0）	0.085 （0.116）	−0.453** （0.179）
受教育程度	0.061* （0.037）	−0.041 （0.061）
在婚（其他 =0）	−0.007 （0.188）	0.374 （0.250）
自评健康状况 （差 =1；一般 =2；好 =3）	−0.141 （0.094）	−0.035 （0.160）
慢性病数量	−0.005 （0.039）	0.039 （0.059）
家庭年人均收入（元）	0.000 （0.000）	−0.000 （0.000）
离家距离	— —	0.015*** （0.002）
医院数 / 万人	0.654 （0.569）	−0.939 （0.894）
市虚拟变量	控制	控制
观测值	700	235

注：（1）表中结果为有序Probit模型估计的结果；（2）括号内为标准差；（3）***、**、*分别表示在1%、5%、10%统计水平上显著。

资料来源：作者自制。

考虑到上述结果仅为一个综合的效应，并不能反映对 4 级医院的具体影响，我们进一步给出了各变量对各级医院的边际效应，见表 4-11。就门诊治疗来说，医保市级统筹使农村居民到乡镇级及以下医院就诊的概率提高了 14.2 个百分点，到县级医院、市级医院、省级及以上医院就诊的概率分别下降了 9.1 个百分点、3.1 个百分点、1.9 个百分点，对县级医院的作用更明显，可能是因为县级医院与乡镇级及以下医院具有更大的替代性。医保市级统筹使农村居民到乡镇及以下医院住院的概率增加了 18.1 个百分点，到县级医院、市级医院、省级及以上医院就诊的概率分别下降了 4.7 个百分点、7.1 个百分点、6.4 个百分点。

综合而言，市级统筹的城乡医保有效引导了农村居民的就诊流向，符合农村"小病不出乡，大病不出县"的目标要求。其可能的原因是，"两保"整合后基金池扩大，保障能力提高，对基层医疗机构的补偿比例大大提高，增强了基层就医的吸引力。另一种可能的原因是 2009 年开始的"强基层"措施提高了基层医疗机构的服务能力，农村居民对基层医疗机构的信任正在回归。但无论是哪种原因，基层就诊的增加在一定程度上减少了小病大治和盲目就医，通过减少浪费提高了医疗资源的使用效率。

表4-11　医保市级统筹对居民就诊医院层级的边际效应

变量	乡镇级及以下医院	县级医院	市级医院	省级及以上医院
门诊				
统筹 × 调查年份	0.142** （−0.063）	−0.091** （−0.040）	−0.031** （−0.015）	−0.019** （−0.010）
统筹	−0.484*** （−0.107）	0.312*** （−0.070）	0.107*** （−0.029）	0.066*** （−0.022）
调查年份	−0.117*** （−0.042）	0.075*** （−0.027）	0.026** （−0.010）	0.016** （−0.007）
年龄	0.005** （−0.002）	−0.003** （−0.001）	−0.001** （0.000）	−0.001** （0.000）
男性（女性 =0）	−0.025 （−0.034）	0.016 （−0.022）	0.005 （−0.007）	0.003 （−0.005）
受教育程度	−0.018* （−0.011）	0.011* （−0.007）	0.004 （−0.002）	0.002 （−0.002）
在婚（其他 =0）	0.002 （−0.055）	−0.001 （−0.035）	0.000 （−0.012）	0.000 （−0.007）
自评健康状况（差 =1；一般 =2；好 =3）	0.041 （−0.027）	−0.027 （−0.018）	−0.009 （−0.006）	−0.006 （−0.004）
慢性病数量	0.001 （−0.011）	−0.001 （−0.007）	0.000 （−0.002）	0.000 （−0.002）
家庭年人均收入（元）	0.000 （0.000）	0.000 （0.000）	0.000 （0.000）	0.000 （0.000）
医院数 / 万人	−0.191 （−0.166）	0.123 （−0.107）	0.042 （−0.037）	0.026 （−0.023）
市虚拟变量	控制	控制	控制	控制
住院				
统筹 × 调查年份	0.181** （−0.092）	−0.047 （−0.029）	−0.071* （−0.037）	−0.064* （−0.035）
统筹	−0.106 （−0.175）	0.027 （−0.046）	0.041 （−0.068）	0.037 （−0.062）

续表

变量	乡镇级及以下医院	县级医院	市级医院	省级及以上医院
调查年份	−0.183*** （−0.067）	0.047** （−0.023）	0.071** （−0.028）	0.064** （−0.027）
年龄	0.000 （−0.003）	0.000 （−0.001）	0.000 （−0.001）	0.000 （−0.001）
男性（女性 =0）	0.120*** （−0.046）	−0.031** （−0.016）	−0.047** （−0.020）	−0.042** （−0.018）
受教育程度	0.011 （−0.016）	−0.003 （−0.004）	−0.004 （−0.006）	−0.004 （−0.006）
在婚（其他 =0）	−0.099 （−0.066）	0.026 （−0.019）	0.039 （−0.026）	0.035 （−0.024）
自评健康状况（差 =1；一般 =2；好 =3）	0.009 （−0.043）	−0.002 （−0.011）	−0.004 （−0.017）	−0.003 （−0.015）
慢性病数量	−0.010 （−0.016）	0.003 （−0.004）	0.004 （−0.006）	0.004 （−0.006）
家庭年人均收入 （元）	0.000 （0.000）	0.000 （0.000）	0.000 （0.000	0.000 （0.000）
离家距离	−0.004*** （−0.001）	0.001** （0.000）	0.002*** （0.000）	0.001*** （0.000）
医院数 / 万人	0.249 （−0.237）	−0.064 （−0.065）	−0.097 （−0.093）	−0.088 （−0.086）
市虚拟变量	控制	控制	控制	控制

注：（1）表中系数为平均边际效应；（2）括号内为标准差；（3）***、**、*分别表示在1%、5%、10%统计水平上显著。

资料来源：作者自制。

第五节　小结

本章在上一章医保市级统筹对农村居民医疗负担影响的基础上，进一步从就医可及性、医疗消费数量、就诊机构3方面分析了医保市级统筹对农村居民医疗需求的影响，以期探讨医保市级统筹降低农村居民医疗负担的影响机制，结论如下。

第一，医保市级统筹提高了农村居民的就医可及性，主要体现为增加了农村居民对处方药和非处方药的购买。

第二，医保市级统筹没有影响农村居民门诊利用数量，也没有影响中医、输液、高值仪器检查的使用。对预防性医疗服务的利用也没有表现出明显影响。但是，在低百分位上减少了住院需求，住院费用降低了3002.128元，住院天数减少了8天。

第三，医保市级统筹有效引导了农村居民到低层级医院就诊。平均而言，到乡镇及以下医院门诊就医的概率提高了14.2%，住院概率提高了18.1%。

总体而言，市级统筹的医疗保险增加了农村居民的就医可及性，增加了居民对处方药和非处方药的购买。更为重要的是，参保人的医疗需求并没有因此而增加。同时，有效引导了农村居民到低层级医院就诊，符合农村医疗保险制度倡导的"小病不出乡，大病不出县"目标。

根据以上结论，医保市级统筹对农村居民医疗负担的降低是通过减少医疗需求实现的，具体为减少住院天数、降低就诊医院层级，即市级统筹的医保通过压缩不必要的住院时间，引导患者合理选择就诊医院，在一定程度上抑制了"小病大治"等资源浪费问题，提高了医疗资源和医保基金的使用效率。

同时，我们也发现，农村医疗保险仍面临着一系列挑战。

首先，慢性病高发将造成未来医保基金的支付压力。结果显示，2011—2015年4年间样本地区慢性病患者增加了10%，2015年70.5%的调查对象患有慢性病，人均慢性病1.4种[1]，并且可能有继续恶化的趋势。解决慢性病发病的根本在于疾病的早期预防，但目前我国居民基本医疗保险的重点仍旧是对疾病的治疗，而治疗对健康的贡献率仅为8%。在长远看来，我国基本医疗保险对治疗的过度关注，既无助于改善国民健康水平，也无助于缓解医保基金支付压力。

其次，"大检查"问题在乡镇及以下医院、县级医院中突出，并且医

---

[1] 因为 CHARLS 调查样本为 45 岁以上人群，因此，本章统计的可能是农村地区慢性病情况的上限。

生人数越多，患者被输液的可能性越大。不必要医疗服务的使用不仅不利于患者身体健康，如过度输液会损害肝肾等器官、降低人体免疫力、增加菌群耐药性等，更会造成医疗资源的浪费、患者医疗负担的增加。

可见，医疗保险并非一个独立的系统，其作用的发挥除依赖本身的制度设计，还依赖于整个医疗卫生体制，鉴于以上结论，建议如下。

第一，改革医保付费机制，激励医生提供更多预防性医疗服务以应对慢性病高发问题。相对于病人，医生是医疗服务消费种类和数量的最终决定者，医生的决策直接来源于支付制度的激励。按人头付费被认为是一种完全供方费用分担机制，这种激励方式会激励供方尽量节约成本，如果消费者没有使用任何医疗服务，则医生将获得全部人头费收入。关于哥伦比亚补助型医疗保障制度的研究发现，基础医疗服务实施按人头付费使得医疗服务提供者为参保人提供了更多的预防性医疗服务（Miller et al.，2013）。因为医疗需求具有不确定性，而且一些医疗服务极其昂贵，因此按人头付费对于医疗服务提供者而言有一定风险，所以只有医疗服务提供者拥有大量病人来分散风险或只提供有限的医疗服务时，才能保证按人头付费的效率（科尔奈，翁笙和，2003）。现行农村地区推广的家庭医生签约服务其实是模仿西方国家的守门人制度，但是在当前全科医生数量不足、参差不齐的前提下，强制签约只会造成资源浪费。因此，建议在村卫生室（社区服务站）或乡镇卫生院层面对农村居民的门诊治疗采取按人头付费的形式，让这两种类型的医疗机构充当守门人，并且采取用脚投票的方式，允许居民在不同医疗机构间自由选择，以刺激医疗机构提供高质量服务。

第二，国内外经验证明，垄断是供给诱导需求得以实现的充分条件。我国县级及以下医疗机构存在的大检查、过度输液等问题的部分根源在于这些医院的垄断地位。因此，农村医疗市场的改革在于打破公立医疗机构的垄断地位，放开医疗服务市场，允许医生自由执业。

第五章　农村居民医疗负担现状：基于问卷和访谈的结果

第一节　基于江苏、湖南、云南三省的问卷调查分析

一、调研基本情况

本次调研时间为 2017 年 9 月，首先根据经济发展水平，按高、中、低原则筛选出江苏、湖南、云南三省。其次根据分层抽样原则，每个省份选取 3 个县（市、区），进入调查范围的地区分别为江苏省的常州市武进区、射阳县、东海县；湖南省的湘潭县、浏阳市、桃江县；云南省的弥渡县、楚雄市、广南县。最后每个县（市、区）选取两个乡镇，每个乡镇选取 1 个村庄作为调查对象，根据受访村提供的村民信息，随机选择受访户，然后入户填写调研问卷。问卷内容包括农户基本特征、新农合参保情况、家庭医疗花费、医保报销情况、就诊机构选择等。

样本基本情况如表 5-1 所示，江苏省年人均收入最高，为 20488.68 元，湖南居中，云南最低，为 8335.46 元，享受低保的家庭也相应最多。外出务工率江苏省最高，云南省最低。三省平均参保率为 94%，不同省份间有所不同，江苏省的低参保率可能受外出务工人口影响，因为本调查仅针对

表 5-1　样本基本情况

	江苏省	湖南省	云南省	全样本
年人均收入（元）	20488.68	19044.71	8335.46	15557.06
长期外出务工人数占比	0.19	0.18	0.13	0.17
低保户（低保户 =1，否则 =2）	1.98	1.97	1.81	1.92
参保率（%）	89	95	97	94

资料来源：作者自制。

家庭成员参加新农合 [①] 的情况，外出务工人员可能在务工地参加了其他类型的医疗保险，所以导致家庭实际参加新农合比例偏低。

二、农民医疗负担基本情况

参照国内外文献，本文用于衡量医疗负担的指标主要包括：自付医疗费用、实际自付比例、自付医疗支出占家庭年总收入及年可支配收入 [②] 的比例、灾难性医疗支出发生率。本章将灾难性医疗支出定义为医疗支出超过家庭可支配收入的 40%，即如果家庭承担的自付医疗费用超过家庭当年可支配收入的 40%，则认为该家庭发生灾难性医疗支出。灾难性医疗支出发生率是指发生灾难性医疗支出的家庭在有医疗支出家庭中所占的比例。

表 5-2 结果显示，医保的全民覆盖及保障水平的提高并未有效缓解农民的医疗负担。平均来看，医疗费用的实际自付比例高达 66%；自付医疗支出占家庭年总收入的比例达 12%；若用家庭可支配收入作为衡量标准，则家庭可支配收入的 21% 需要用于支付医疗费用。即使是基本医疗保险、农村医疗救助、大病医疗保险报销后，仍有 11% 的家庭发生灾难性医疗支出。就三省情况来看，农民医疗负担基本与当地经济发展水平负相关。

表 5-2　农民医疗负担基本情况

	江苏省	湖南省	云南省	平均
年人均医疗费用（元）	1496.89	1862.38	947.32	1430.12
年人均自付医疗费用（元）	856.26	1263.99	511.88	879.24
实际自付比例	0.65	0.78	0.55	0.66
自付医疗支出 / 家庭年收入	0.08	0.12	0.15	0.12
自付医疗支出 / 家庭年可支配收入	0.16	0.31	0.16	0.21
报销后灾难性医疗支出发生率	0.09	0.14	0.10	0.11

资料来源：作者自制。

[①] 虽然现在多地新农合与城居保已合并统一为居民基本医疗保险，但为方便农户理解，问卷仍沿用新农合这一名称。

[②] 本章年可支配收入的定义参照关志强和董朝晖（2004），家庭年可支配收入 = 家庭年总收入 − 当地最低生活保障标准。

　　基本医疗保险的目标是保障所有公民能享受基本医疗服务，重点是提高低收入人群就医的财务可及性。因此，低收入人群是否从医保中受益更多，是一个值得关注的问题。本章进一步将家庭收入四等分，统计四分位区间不同家庭的医疗支出及医疗负担[①]情况，结果见表5-3。收入较高的农民具有较高的医疗支出，而医疗负担则相对较轻，说明农村居民医疗负担相对于收入具有累退性。这种累退性一方面由于对低收入者而言，同样的医疗支出占家庭收入的比例更高，另一方面可能源于农村医疗保险的补偿模式更有利于高收入者。因为收入是一系列因素共同作用的结果，我们更愿意从医疗保险制度本身寻求问题的答案。为防止需求方的道德风险，各地新农合设置了不同的起付标准，起付线的设置在一定程度上起到了节约医疗资源的目的，但也制约了医疗保险的风险分担作用，导致低收入者因无力越过起付线而享受不到医疗保险的积极作用，这样保险补偿就可能主要惠及高收入群体。Wang 和 Yip（2009）、宁满秀和潘丹（2011）对新农合的研究发现，富裕的农村居民在任何健康状态下都会从新农合中受益更多，新农合存在"穷人补贴富人"的收入分配效应。

表5-3　医疗负担随收入的变化

收入水平	低收入	中低收入	中高收入	高收入
家庭医疗支出（元）	434.41	622.89	888.93	237.99
家庭医疗负担	0.25	0.14	0.05	0.03

资料来源：作者自制。

　　总体而言，现行农村医疗保障制度下，农村居民的医疗负担仍旧维持在较高水平，且穷人的医疗负担相对来说更重，农村医疗保障无论是在效率还是在公平上都有待于进一步提高。

[①] 此后医疗负担均用自付医疗费用占家庭年收入的比例这一指标代表。

三、影响农村居民医疗负担的主要因素

影响医疗负担的因素包括：医疗保障的慷慨程度、医疗总费用、家庭收入。在家庭收入外生确定的情况下，医疗保障的慷慨程度和医疗总费用构成了影响农村居民医疗负担的主要因素。医疗保障的慷慨程度可用实际报销比例来衡量，另外，大病是导致农村居民医疗负担重、因病致贫的重要因素，对大病的实际报销比例更能反映医疗保障的效果。除疾病的严重程度外，就诊医院级别是影响医疗花费的重要因素。所以本文从实际报销比例、对大病的保障效果、主要就诊机构的选择 3 方面来考察影响农民医疗负担的因素。

（1）实际报销比例

实际报销比例是指医疗保障的实际支付数额在总医疗费用中的占比。如表 5-4 所示，实际报销比例越大，实际自付比例就越小，相应的医疗负担也就越低。三省平均实际报销比例仅为 34%，个人实际自付比例高达 66%[①]。实际报销比例远低于 2017 年新农合住院政策范围内 75% 的报销比例，也低于门诊 50% 的报销比例，即使是实际报销比例最高的云南省也没有达到上述目标，而江苏省和湖南省的实际报销比例更低。

表 5-4　医疗费用的报销情况

	江苏省	湖南省	云南省	平均
年人均医疗费用（元）	1496.89	1862.38	947.32	1430.12
年人均报销医疗费用（元）	640.63	598.39	435.43	550.88
实际报销比例	0.35	0.22	0.45	0.34
实际自付比例	0.65	0.78	0.55	0.66

资料来源：作者自制。

---

① 世界卫生组织对实现医保全民覆盖国家个人自付比例的建议为 20%~30%。

　　实际报销比例低的原因包括：医疗保障范围有限、与医疗需求不匹配，因交通等问题无法到达医保定点医院，患者使用了过多医保目录外项目等。随着医疗保险筹资水平的不断提高，我国基本医疗保险覆盖范围也相应不断扩大。就药品来说，2017 版国家医保药品目录中西药和中成药部分共收载药品 2535 个，较 2009 版增加了 339 个，增幅约 15.4%。医保目录内药品涵盖了多数临床常用药品，能够满足参保人员大部分的用药需求。另外，政策规定各省可根据当地实际用药情况对乙类药品做 15% 调整。所以保险覆盖范围有限、与医疗需求不匹配并不构成影响实际报销比例的主要因素。在三省中，云南省更可能因交通等问题无法获得医保定点服务，但云南省的实际报销比例却在三省中最高，因此，可及性也不是影响本章结果的因素。所以，影响实际报销比例的因素更可能是患者使用了过多的自费项目。

　　患者和医生的共同作用决定了实际的医疗花费。需方道德风险理论及相应的实证分析发现，因为不需要支付医疗服务的全部费用，拥有医疗保险的患者会倾向于过度使用医疗资源。但是，大量研究发现患者的医疗服务需求价格弹性均处在缺乏弹性的区间，即在 –1 和 0 之间（Rosett and Huang，1973；Manning et al.，1987；Shigeoka，2014）。其中，通过随机分配保险计划排除逆向选择问题的兰德健康保险实验被认为是研究医疗保险影响医疗需求的权威，他们发现医疗服务需求的价格弹性仅为 –0.2（Manning et al.，1987；Keeler and Rolph，1988）。如此之低的价格弹性说明患者对医疗服务的增加作用有限。与患者相比，医生在任何时候都拥有更多关于疾病诊断治疗的知识，因此患者愿意相信医生并将治疗的选择权交给医生，所以，作为患者代理人的医生就掌握了治疗的主动权，成为医疗服务使用的最终决策者（Zweifel and Manning，2000）。出于自身利益考虑，医生有诱导患者多使用医疗服务的动力，而当医疗市场存在垄断力量时，这种动力会被强化（Stano，1987）。

　　关于新农合的研究发现，参合后农村居民的医疗服务利用量增加

（wagstaff et al.，2009；Lei and Lin，2009；程令国和张晔，2012；Hou et al.，2014；Cheng et al.，2015）。但是现今农村发展水平下，家庭经济条件仍旧是制约患者医疗消费的重要因素（孙梦洁和韩华为，2013；王翌秋和张兵，2009），所以农民自发使用医保外自费项目的可能性很小。本章实证分析发现，供给诱导需求是影响农村居民医疗消费的重要因素。宁满秀和刘进（2014）利用福建省的农户调查数据，发现医生的诱导需求是造成农户医疗负担重的重要因素。王文娟和曹向阳（2016）的研究也发现，供给诱导需求是导致我国医疗费用上涨的一个重要原因。

（2）对大病的保障效果

2015 年，我国 7000 多万贫困人口中，因病致贫的比例为 42%。根据保险理论，当参保对象的风险不确定性更大时，保险更有价值。我国新农合设计之初的保大病和大病医疗保险制度正是体现了医疗保险的这种价值，反映在实际报销水平上为医疗花费越多，报销比例越高。

本文统计了不同医疗支出水平上，农村医疗保障的实际报销比例，结果见图 5-1。当医疗花费低于 12000 元时，实际报销比例随家庭医疗支出的增加而提高，但是当医疗花费高于 12000 元时，实际报销比例反而下降，说明农村医疗保障在实际运行中并没有对低概率重大疾病提供有效的保护。Yi 等（2009）利用 2005—2008 年在江苏、四川、陕西、吉林、河北五省的调研数据得出了与本章相同的结论。他们的结果显示，在医疗支出大于 10000 元时，新农合的实际报销比例仅为 8%，与之相比，本章结果高得多，虽然体现了农村医疗保障水平的不断提高，但其保大病的初衷始终没有实现。

进一步分析报销前后灾难性医疗支出的发生率，结果见表 5-5。报销对灾难性医疗支出发生率降幅有限，平均变化率为 38.79%；就绝对数值而言，报销后灾难性医疗支出发生率仍旧维持在高位，平均达到 11%，湖南省则高达 14%。灾难性医疗支出的高发生率跟医疗保障对重大疾病的保障作用小有直接关系。

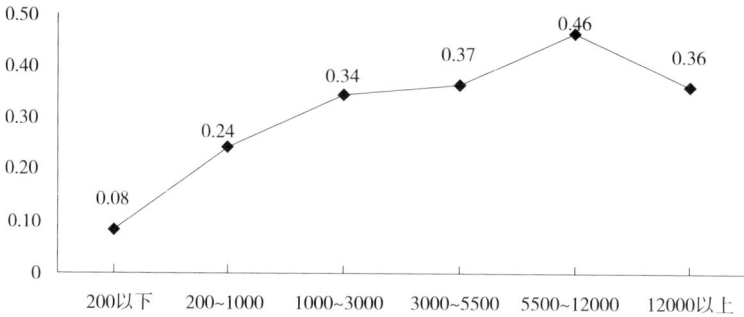

图5-1　实际报销比例随医疗支出的变化

资料来源：作者自绘。

表5-5　报销前后灾难性医疗支出发生率

	江苏省	湖南省	云南省	平均
报销前灾难性医疗支出发生率	0.16	0.18	0.20	0.18
报销后灾难性医疗支出发生率	0.09	0.14	0.10	0.11
变化率[1]（%）	43.8	22.2	50.0	38.79

资料来源：作者自制。

对大病的保障效果差，可能跟医疗保险封顶线的设置有关。与其他国家医疗保险设置风险终止线不同，我国社会医疗保险设置了封顶线。这种设置虽然在一定程度上抑制了患者对医疗资源的过度消费，有助于维持医疗保险基金的平衡，但是也违背了医疗保险风险分担的初衷，降低了保障效果。

（3）主要就诊机构

研究发现，新农合促使许多之前倾向于到村诊所和乡镇卫生院看病的农村居民到医疗条件更好的县市级医疗机构乃至省级或者专业性较强的医院进行就诊（Brown et al., 2009; Wagstaff et al., 2009）。Wagstaff and Lindelow（2008）认为医疗保险促进中国家庭寻求高质量的医疗服务，参保人医疗负担并未降低。

长期以来，我国医疗卫生投入"重城市、轻农村，重医院、轻基层"，

---

① 变化率 =（报销前灾难性医疗支出发生率 – 报销后灾难性医疗支出发生率）/ 报销前灾难性医疗支出发生率。

导致村诊所和乡镇卫生院设备落后和医务人员素质偏低，无法获得居民信任（顾昕，2008）。"大医院战时状态，基层医疗机构门可罗雀"这种就诊流向不但造成医疗资源浪费，更加重患者医疗负担。为鼓励农村居民合理使用医疗资源，新农合政策规定，患者基层就诊将享受更高报销比例。与此同时，政府对农村和基层医疗服务体系的投入力度不断加大①。在一系列强基层措施下，农村居民对基层医疗机构的信任正在回升。《2017 年中国卫生和计划生育统计年鉴》显示，我国乡镇卫生院诊疗人次由 2010 年的 8.77 亿上升到 2016 年的 10.82 亿，村卫生室诊疗人次达 18.5 亿。相应的实证分析也发现，医疗保险旨在引导患者基层就诊的报销政策也发挥了相应作用（江金启，2013；赵绍阳等，2014）。

本章的统计结果也显示，三省农村居民主要的就诊机构为村卫生室或乡镇卫生院（见图 5-2）。基层医疗机构的低价格和高报销在一定程度上降低了农村居民的医疗负担。同时也应注意到，对县级及以上医院的利用率与地区经济发展水平负相关，侧面反映出我国基层医疗机构建设尚存在较大的地区差距。实地调研中，云南省有更多农户表现出对基层医疗机构的不信任。

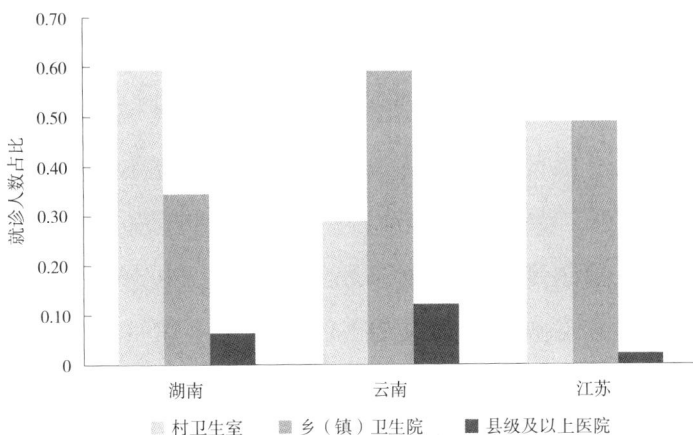

图5-2　农村居民主要就诊机构

资料来源：作者自绘。

---

① 《中共中央　国务院关于进一步加强农村卫生工作的决定》提出，政府卫生投入将重点向农村倾斜。《中共中央　国务院关于深化医药卫生体制改革的意见》将健全基层医疗卫生服务体系作为未来 3 年着力抓好的五项重点改革之一。

第二节 基于山东省昌乐县的访谈分析

一、访谈地基本情况

昌乐县位于山东半岛中部，是潍坊市的近郊县，面积 1101 平方公里，人口 62.3 万人，辖 4 个镇、4 个街道，另有昌乐县经济开发区、首阳山旅游度假区、高崖水库库区。全县 370 个行政村、896 个自然村。2017 年，城乡居民人均可支配收入 24723 元，增速位列潍坊各县市第一。

昌乐县分别于 2003 年和 2008 年开始实施新农合和城镇居民基本医疗保险，两项保险独立运行，其中新农合由卫生部门主管，城镇居民基本医疗保险由劳动保障部门负责。按照党的十八届三中全会关于建立更加公平可持续的社会保障制度的新要求，在总结试点的基础上，山东省确定从 2014 年 1 月 1 日起将城镇居民基本医疗保险和新型农村合作医疗制度进行整合，建立全省统一、城乡一体的居民基本医疗保险制度，并实行全省统一的药品目录、诊疗项目目录、高值医用耗材目录和医疗服务设施范围目录。根据《山东省人民政府关于建立居民基本医疗保险制度的意见》的精神，潍坊市于 2014 年开始整合城镇居民基本医疗保险和新型农村合作医疗制度，将新农合职能、编制、机构、人员、基金、资产等整体移交人力资源和社会保障部门。经过 1 年过渡后，2015 年统一的城乡居民基本医疗保险制度正式运行，符合条件的参保居民同时享受大病医疗保险待遇和医疗救助待遇。并轨后的城乡居民基本医疗保险在市级层面统筹。

保费的筹集仍旧采取个人缴费和政府补助相结合的办法，其中个人缴费设两个档次，居民以家庭为单位参保，分别享受相应档次的医保待遇。

并轨初的 2015 年，一档个人缴费 110 元，二档 200 元。2018 年，一档个人缴费增至 180 元，二档增至 310 元。对符合医疗救助条件的对象，当地政府按一档标准对其个人缴费部分给予全部或部分资助。

统筹模式采取住院统筹和门诊统筹的形式。参保居民根据参保档次享受不同的住院报销待遇，2018 年各参保档次在各级医疗机构的报销待遇见表 5-6。为引导参保居民到较低级别医疗机构就医，医保在两档上的报销比例均向低级别医疗机构倾斜。另外，一档参保居民到市内三级医疗机构住院时须经县内二级医疗机构转诊，二档参保居民则不受该限制。门诊统筹又根据疾病的严重程度分为普通门诊统筹和特殊慢性病门诊统筹。其中普通门诊统筹实行定点签约诊疗制度，居民可根据就医方便程度自愿选择一家一级及以下医保协议医疗机构进行签约，一个医疗年度内，居民在签约医疗机构就诊发生的符合规定的普通门诊医疗费按 50% 比例报销，每年最高支付 450 元。全市纳入居民基本医保的门诊特殊慢性病共 29 种，符合条件的慢性病参保患者凭潍坊市居民基本医疗保险门诊特殊慢性病诊疗证到协议医疗机构就诊发生的政策范围内的医疗费用，在支付与住院相同的起付标准后，按参保档次和就诊医疗机构级别给予不同比例的报销，与住院医疗费用合并计算，基本医疗保险基金支付不超过 15 万元。

表 5-6　潍坊市 2018 年居民基本医疗保险报销待遇

		档位	一级医疗机构	二级医疗机构	三级医疗机构
住院					
起付线（元）			200	600	900
报销比例（%）		一档	85	70	55（转诊）
		二档	90	80	65
特殊慢性病门诊					
起付线（元）			200	600	900

续表

		档位	一级医疗机构	二级医疗机构	三级医疗机构
报销比例（%）	Ⅰ、Ⅱ型糖尿病、高血压3期	一档	63	57	—
		二档	73	67	—
	恶性肿瘤放化疗、血友病、尿毒症透析、慢性再生障碍性贫血、器官移植抗排异	一档	65	—	—
		二档	75	—	—
	其他特殊慢性病	一档	60	—	—
		二档	70	—	—
封顶线（万元）			15		

注：图中数据根据潍坊市人力资源和社会保障局和昌乐县人力资源和社会保障局网站信息整理所得。

资料来源：作者自制。

在居民基本医疗保险支付的基础上，参保人在一个医疗年度内发生的住院（含门诊特殊慢性病）医疗费用累计负担符合规定的，由居民大病保险给予进一步支付。2018年居民大病医疗保险的起付标准为1.2万元，个人负担的合规医疗费用1.2万（含）~10万元的部分支付比例为50%；10万（含）~20万元支付比例为60%；20万（含）~30万元支付比例为70%；30万元（含）以上的部分支付比例为75%。一个医疗年度内最高支付限额40万元[①]。

县域内居民医保协议管理的医疗机构主要有二级医疗机构和一级医疗机构。其中，二级医疗机构包括昌乐县人民医院、昌乐县中医院、昌乐县妇幼保健院。一级医疗机构主要包括昌乐县立医院、昌乐县民安医院、昌乐县新昌医院、昌乐县北岩卫生院、昌乐县鄌郚中心卫生院、昌乐县高崖中心卫生院、潍坊市朱刘店煤矿职工医院、昌乐县计划生育服务站、昌乐县马宋中心卫生院、昌乐县朱汉卫生院、昌乐县宝成医院、潍坊乐港食品股份有限公司卫生室、昌乐县供销社卫生室、昌乐县昌盛医院、昌乐县城关街道社区卫生服务中心、山东潍焦集团有限公司卫生室、昌乐县城关街

---

① 山东省人力资源和社会保障厅、山东省财政厅、山东省卫生和计划生育委员会等：《关于进一步健全完善居民大病保险制度的通知》，2018年1月30日。

道永康社区卫生服务站和社区卫生服务中心、昌乐县城关街道涵乐苑社区
卫生服务站和社区卫生服务中心、昌乐县城关街道办事处濠景海岸社区卫
生服务站和社区卫生服务中心、昌乐县城关街道南苑社区卫生服务站和社
区卫生服务中心。

本次访谈时间为 2018 年 9 月，涉及昌乐县宝都街道辖区的后东村、
吴家池子和郭家庄 3 村居民，重点访谈对象为最近一两年来生病住院并享
受城乡居民基本医疗保险或城乡居民大病医疗保险报销的居民。因年轻人
生病住院概率较小且多在外工作，因此本次访谈对象老年人居多，平均年
龄 64.64 岁，其中年龄最小的为 46 岁，最大的为 80 岁。

二、居民住院负担状况

对于住院来说，受访居民选择最多的为县域内的二级医疗机构，主要
集中在昌乐县人民医院和昌乐县中医院。其次为县外市内的三级医疗机
构，主要为潍坊市人民医院和潍坊医学院附属医院。仅有少数受访者选择
一级医疗机构住院。就报销比例来说，一、二、三级医疗机构的实际报销
比例分别为 72.06%、57.83%、50.81%。一、二档参保者的实际报销比例
分别为 55.93%、59.19%。受访者平均医疗总费用为 9533.67 元，花费最少
的为 1031.4 元，花费最多的为 50000 元。自付医疗费用平均为 3841.52 元，
最小值为 277.27 元，最大值为 20000 元。

访谈对象间家庭经济状况不同，对医疗负担的主观感受也不相同。具
体而言，稍年轻居民因为有较为稳定的收入来源，均表示医疗负担较低，
自付医疗费用在家庭可承受范围内。如最年轻的受访者刘某，46 岁，2018
年 6 月因耳疾在昌乐县人民医院住院 20 天，总花费 16325.50 元，医保报
销 9271.80 元，个人支付 7053.70 元，这一花费在所有受访者中排名第二。
当问其医疗费用能否承受时，刘某羞涩地说："我和媳妇一年差不多有 10
万元收入，虽然不多，但家里也没什么大的花销，支付这点医药费没问

题，可惜的是今年参加的医保是一档，以前每年都是参加二档，可从来没用上过，就算这样，医保也报了大头，以后可不能存在侥幸心理，还得参加二档。"48 岁的吴某，2018 年 7 月份因颅内出血在昌乐县人民医院住院 12 天，总费用 15034.19 元，医疗保险报销后个人自付医疗费用 6885.4 元。当问其发生的医疗费用家庭能否承受时，吴某哈哈大笑说："可以承受。"吴某很乐观，经治疗后基本痊愈，为了继续恢复，暂时没有出去工作。

但是对于无稳定收入来源的老年家庭，特别是靠自己支付医疗费用的老人，无论实际支付住院费用多少，均表示负担沉重，难以承受。这一类人往往也是在未痊愈状态下主动要求出院、有病不治或延迟治疗发生率最高的群体。如 64 岁的李大爷，高中学历，与子女分家，和老伴两人居住，因为是昌乐县优抚军人，当地政府全额资助其参加一档居民基本医疗保险。2017 年因脑卒中先后在昌乐县人民医院住院 3 次，分别住院 15 天、11 天、18 天，3 次花费共计 30308.97 元。因为李大爷为优抚军人，属于潍坊市第二类医疗救助对象，虽然参保档次低，但经医疗救助后个人自付总医疗费用仅为 6600.17 元，实际报销比例在所有受访者中最高，为 78.22%。虽然李大爷自己仅仅需要支付 21.78% 的医疗费用，但是除了每月 550 元的优抚金，再无其他收入，因为承担不起，孩子帮忙支付了部分费用。因为发病时治疗不及时落下了严重的后遗症，包括行动不便、口齿不清。领着小孙女同来的李大娘苦笑着说："他现在全指望我照顾，用了孩子的钱，得替人家好好看孩子。"低保户老人孙大娘，66 岁，和老伴两人居住，2018 年 6 月因尿道恶性肿瘤在昌乐县中医院就诊，因不见好转主动要求去潍坊医学院附属医院继续治疗，住院 10 天，总费用 5560.89 元。因为是低保户，其参加基本医疗保险的保费由当地政府全额资助，但是孙大娘并不知道自己参加的是几档保险，经医院告知才知道自己参加的是一档。另外，由于不了解当地的医保政策，在转往三级医院时，并未经昌乐县中医院办理转诊手续，所以最终的医保报销比例仅为 54.98%，自付费用约为 2503 元。受访中孙大娘不断流泪，家中只有每月 380 元低保收入和 100 元的新型农村社会养老保险收入，两次看病的费用全靠以前的积蓄，现在需要的药品基本承担不起，不知道以后该怎么办。即使是有少许稳定收入的老年家庭，医保报销后，自付医疗费用仍是一笔不小的支出。如 69 岁的张大爷，因脑血管疾病于 2018 年 1 月、4 月和 7 月在昌乐县人民医院住院 3 次，共计花费 23055.41 元，经居民医保报销后，自付 8899.8 元，但是，整个家庭每年仅有 1 万元的房租收入和老伴每人每月 100 元的新型农村社会养老保险收入，也就是说，3 次看病的花费占了整个家庭年收入的 71.77%，其中还不包括后续长期的买药支出。当被问及医疗负担时，老人叹息道："有什么办法呢，即使承担不起，有病也得治啊。"

与子女同住，住院费用全部由子女支付的老年人情况会好一些。如本次访谈中花费最高的吴大爷，2018 年 5 月因腹部疼痛到昌乐县人民医院就诊，被诊断为淋巴肉瘤，住院治疗 6 天不见好转，家属要求到潍坊市治疗，在潍坊市人民医院住院 7 天，痊愈后出院。两次住院共花费 36406.34 元，其中第一次住院花费 30801.74 元，第二次花费 5604.6 元。基本医疗保险分别报销 19057.01 元和 2726.61 元，实际报销比例为 59.83%。吴大爷与老伴同儿子儿媳共同生活，家中共 5 口人，儿子做人寿保险工作，月收入 5000 元，儿媳妇在附近工厂工作，月收入 3500 元，家中无房贷车贷，两次看病自付费用占家庭年收入的 14.34%。儿子表示对医保报销很满意，看病花费在家庭可承受范围内。

有些老人由于自己没有收入，又不愿用孩子的钱，拖延治疗甚至有病不治。如 63 岁的董大娘，育有一儿一女，现在和儿子一家同住，儿子和儿媳做洗车生意，平时很忙，董大娘在家带孙子，因为没有收入来源，所有花费均由儿子负担。1 年中心绞痛 4 次，自述每次发病都疼得满头大汗，为不给子女添麻烦，一直强忍着不告诉孩子，第五次发病才决定到医院治疗，被诊断为冠状动脉粥样硬化性心脏病。在昌乐县中医院住院 10 天，总花费 7809.27 元，自付 3610.81 元。医生建议彻底治疗，需要做心脏支架，因为不想用孩子的钱，老人坚决不做，至今仍经受心绞痛折磨。

三、医疗服务利用情况

总体而言，疾病的严重程度，医院的诊疗水平、价格、就诊方便程度（包括距离、挂号、候诊等）及医院是否有熟人是受访居民选择住院医院的主要考量因素。从访谈情况来看，昌乐县基本实现了小病不出乡，大病不出县。当所患疾病较为严重时，医院的诊疗水平是影响受访者选择医院的首要因素。居民通常根据医院的级别和经验判断医院的诊疗水平，如三级医院好于二级医院，二级医院好于乡镇或社区卫生院。在县域内的二级医疗机构中，多数受访者认为昌乐县人民医院的水平高于昌乐县中医院，昌乐县妇幼保健院排名最后。在自我感觉疾病严重时，居民较认可的医院为昌乐县人民医院和昌乐县中医院。在所有受访者中，到二者首诊的患者多达92.31%，即使是在三级医疗机构住院的患者，也是在二级医疗机构初诊的基础上经医生建议或自愿转往三级医疗机构就诊。如患有尿道恶性肿瘤的孙大娘和患有淋巴肉瘤的吴大爷分别是在昌乐县中医院和昌乐县人民医院住院治疗不见好转的前提下自动要求转往县外市内的三级医疗机构继续治疗的。另外一位到三级医疗机构住院的肺癌患者，是经昌乐县人民医院建议转往潍坊市人民医院住院的。当所患疾病较轻时，价格和就诊方便程度是影响居民选择医院的主要因素。访谈中仅有两位受访者选择在乡镇卫生院住院。其中一位是自觉浑身酸疼，考虑到大医院花费高且是小病，所以选择在昌乐县昌盛医院住院6天。另外一位因头疼在昌乐县新昌医院住院10天，自述因离家近，可以白天住院晚上回家。

具体到治疗过程，大部分受访者称完全听从医生和医院的安排，自己并未要求医生采取或不采取某些治疗措施，即使是参与治疗决策的个别患者，也仅仅是要求医生在使用基本医保目录外项目时告知家属或拒绝使用某些自认为没有必要的检查。如姜大娘的女儿，因为在单位负责职工的社保工作，对居民医保有一定了解，在姜大娘住院之前，其告知医生若是需要用到自费项目，请及时告知，让家属选择用或不用。腿被撞伤的毛阿姨自述住院 3 天中，医生不停要求做 CT 和核磁共振，自己觉得没必要做这么多次，因此多次拒绝。受访中更多的老年居民反映想用更便宜的药品和检查项目。当被问及医保对治疗决策的影响时，一位代替老伴受访、其本身享受城镇职工医疗保险的大爷说道："我的医保报销比他们（居民医保）多，即使是这样，我都不敢要求医生给用好药，虽然医保报销，但是剩下的钱还是自己出，也心疼呀。"

因此，从本次访谈的情况来看，农村居民并没有因为医保选择好的医院，也没有因为医保而使用更多或更好的医疗服务，没有发现卫生经济学中的道德风险。

四、医疗体制存在的问题

昌乐县虽然是较早实施"两保"整合的试点地区，在医保体系去碎片化的尝试上敢为人先，但是，其医保体系及其医疗体制仍然存在较为严重的问题，并且这些问题在全国范围内具有普遍性，主要表现在以下 4 个方面。

第一，实际报销比例与政策范围内报销比例差距大。根据《潍坊市整合城乡居民基本医疗保险工作实施方案》，自 2015 年起，居民基本医疗保险政策范围内住院费用平均支付比例达到 75%。但就本次访谈的住院患者而言，其平均实际报销比例仅为 58.18%，远低于政策范围内报销比例。即使同时享受大病医疗保险或医疗救助的患者，其平均实际报销比例也仅为 77.53%，稍高于政策范围内报销比例。

第二，医保政策宣传不到位，很多政策不为居民所知。例如，门诊医疗机构的签约。虽然所有居民均根据就诊方便程度选择了特定的门诊医疗机构，但是在访谈中，有些居民根本不知道签约的是哪家医疗机构，即使是知道签约医院的居民，有些却从未去过签约医院就诊，原因是根本不知道在签约医院看门诊可以享受医保待遇。某些患有特殊慢性病的患者，竟然不知道自己门诊看病可以享受特殊门诊待遇，另有些知道可以享受门诊特殊慢性病待遇的患者却不知道特殊慢性病诊疗证如何办、到哪里办，他们获取信息的方式还处于原始的多方打听。再如，政策规定一档参保居民到三级医疗机构住院需经二级医疗机构转诊，否则按转诊支付比例的70%报销，但是受访者中有一位一档参保患者，在二级医院治疗无效后自行转往三级医院，称不知道有转诊这回事。

第三，两档参保制度缺陷凸显。自城居保和新农合合并以来，潍坊市实施两档制：2018年，一档保费180元，二档310元。两档在报销待遇上截然不同，这种两档制在具体运行中产生了一系列问题。首先，两档选择产生了明显的逆向选择问题。老年家庭、有住院史的家庭更倾向于选择二档，而年轻家庭、自我感觉健康状况良好的家庭更多选择一档。其次，整合新农合和城居保的目的是打破城乡分割的医疗保险体制，实现城乡居民公平享有基本医疗保险权益，但是两档制在整合的城乡居民医保中形成了新的分割，造成了不同群体间受益权的不公。另外，两档制诱使经济困难居民选择低档缴费，在与高档居民医疗支出没有差别的前提下，低医保待遇加重了困难居民的医疗负担，拉大了贫富差距。

第四，二级医院过度医疗，一级医疗机构药品不全减弱了医保的效果。本次受访中，多数居民认为医院的检查存在问题，县域内的二级医疗机构存在过度检查问题。对于收入的住院病人，医院的检查步骤往往是从最基础的检查项目开始，例如，先要求患者做普通CT，医生告知结果不清楚，然后要求患者继续做加强CT，找各种理由再要求患者做核磁共振。因关节疼痛在昌乐县中医院住院3天的吴大娘，3882.78元的总费用中检查费竟然占了71.48%。颅内出血患者吴某认为其在住院过程中被过度检查，其判断的理由是CT检查的结果已显示完全康复，医生仍旧强制要求做核磁共振复查。虽然居民在签约医疗机构门诊治疗发生的合规医疗费用可以享受50%的医保支付，但是仅有少数居民到签约医疗机构看病买药。一是因为到医院看病买药要经过挂号、候诊等程序，不但不方便，而且每种药品一次只给开两盒，不停跑医院增加了其他成本；二是因为签约医院的药品不全，很多必需药买不到，而且所售药品并不便宜，有些药品的价格在医保报销后仍高于零售药店。如脑血栓病人术后常服用的阿司匹林，在零售药店仅需 10.5 元，而在居民签约的昌乐县城关街道社区卫生服务中心，经基本医保报销后的价格为 11 元，居民反映在零售药店使用会员卡后的价格要更优惠。

第三节　小结

本章主要通过问卷调查和访谈的形式分析了农村居民医疗负担情况，并进一步分析影响当前农村居民医疗负担的主要因素。结果发现，虽然基本医疗保险基本实现全民覆盖，并且各级政府投入不断加大，农村居民整体的医疗负担依然偏重，且在地区间存在较大差异，经济不发达地区农户和低收入农户具有更重的医疗负担。进一步分析发现，实际报销比例低、对重大疾病保护作用弱是农村医疗保障效果不理想的主要原因。但是也应看到，在保基本、强基层等一系列措施下，农民对基层医疗机构的信任正在回升，越来越多居民选择到基层就诊。针对当前农村医疗保障制度存在的问题，建议如下。

第一，医生及医院的过度医疗行为是影响医疗保障效果的重要因素。解决医生的激励问题是世界各国医疗改革面临的共同挑战，公立医院改革当之无愧成为我国医疗改革"最难啃的骨头"。国际医疗服务体系改革的大趋势是引入竞争和市场机制，我国应顺应这一趋势，加快公立医院改革步伐，管办分离，实现公立医院法人化治理，同时促进社会资本进入医疗行业，加强医疗服务供给体系竞争。同时强化医疗保险的第三方购买职能，通过完善激励机制遏制医生及医院的不合理行为，引导医疗资源的合理配置。

第二，大病是造成农村居民医疗负担重及贫困的主要原因，现行用于控需方的封顶线严重阻碍了医疗保险对大病的保障，在我国公立医疗保险的基金结余率相当高的前提下（顾昕，2010），适当提高封顶线是降低大病负担的有效途径。由于农村医疗负担的累退性，对于最穷的农户，即使是少量的医疗花费也会对家庭的可持续性造成冲击，因此需扩大医疗救助的范围并提高救助程度。针对基本医疗保障的不足，发展适应不同人群需求的补充医疗保险和商业健康保险是大势所趋。

第三，现行以地方为单位的筹资和管理模式，加剧了农村居民医疗负担的不公平。富裕地区农民收入高，医保又更慷慨，所以医疗负担轻；而对于贫困地区，农村居民先天的低收入就需要用一个更慷慨的医疗保障满足其基本医疗需求，而受限于地方财力，政府只能提供一个低层次的医疗保障。这种医疗负担的不公平终将导致健康不公平，从而固化了地区间的经济差距。打破现行医保基金地方统筹管理的模式，实现全国统一的居民基本医疗保险制度是未来医疗保险制度改革的重点。

第四，虽然我国农村基层医疗机构建设取得了一定成果，患者对基层医疗机构的信任正在增加，但长期积累形成的城乡间医疗卫生资源不均衡，要求卫生资源配置在未来较长时间内都要向农村地区倾斜。

第六章　结论和建议

第一节　主要结论

建立医疗保险制度，解决国民看病就医难题是各国共识。2003年以来，我国农村医疗保险改革取得了长足进步，包括医保全面覆盖、医疗保障水平不断提高、与城镇居民医保整合等，其根本目的在于解决农村居民看病难、看病贵等问题，减轻农民看病就医负担。本书在系统阐释医疗保险基本理论、作用机制、总结国内外代表性医疗保险减负效果的基础上，通过实证分析和深入访谈相结合的方法，评价了新农合与城居保合并这一新的医疗保险体系下农村居民医疗负担状况，并通过居民医疗需求的变化，分析医疗保险发挥作用的机制，结论如下。

第一，社会医疗保险在各国表现出的效果不同。总体上，发达国家的工业化程度高，正式就业人员占有主导地位且劳动生产率较高，医保筹资稳定，同时治理水平也更高，所以社会医疗保险制度运行顺畅，效果也更好。发展中国家由于工业化水平相对较低，导致医保筹资水平明显偏低，加上治理水平较低，导致制度设计不合理部分凸显，社会医疗保险制度的缺陷被放大，医保体系的整体运作绩效不彰。

更为重要的是，医疗卫生领域存在典型的消费行为模式，即患者不讲节约，只讲效果；医生不讲节约，不讲效果，更关心何种治疗能够给自身带来最大收益；医保机构更多关注治疗成本。医生、医保机构与患者之间存在双重委托代理关系，医保支付需要在信息不对称的前提下统一各自的目标，建立三者之间的经济利益约束机制，以致常常难以实现降低患者医疗负担的最初目标。近年来，高收入国家相继积极建立医保大数据库，形成医保智能化信息管理平台，对医疗机构经济运行现状、医疗服务价格、医药费用结构等进行动态监测，主要目的为降低支付成本的同时，提高参保人的利益。

第二，新农合对农村居民医疗负担的减少作用较为有限。首先，新农合是一种低水平、广覆盖的基本医疗保险，其筹资水平相对较低。2003 年刚建立时，人均筹资标准只有 30 元，到了 2015 年人均筹资标准也不过只有 460 元，比城镇居民筹资标准低 40 元。低筹资决定了低保障，属于正常现象，但是，以县为统筹单位以及设置个人账户的政策安排又进一步弱化了基金的保障能力。其次，与其他医疗保险制度一样，新农合放松了参保者的预算约束，鼓励患者增加医疗消费，引发道德风险。但是，与城市居民相比，农村居民更容易有病不治甚至小病拖成大病。若从这一角度分析，新农合改善了农村居民有病不医的情况，降低了农村居民未来的医疗负担。最后，医生及医院的行为也在一定程度上抑制了新农合的效果。其一方面给参保者开大处方、大检查，另一方面跟随医保报销比例不断提高医疗价格。可以说，公立医院成了我国医疗保险普及的赢家。

第三，合并后的城乡居民医疗保险有效降低了农村居民的医疗负担，且更多体现在对一般大病和低收入家庭的保护上，实现了保大病、防止因病致贫的初衷，无论是从效率还是从公平维度考量，我国医疗保险制度的这一改革都算是一次成功的经验，也是一次有益的借鉴。

但是也应看到，新农合和城居保整合之初，农村居民看病就医负担仍旧较重。2015 年，城乡医保整合地区仍有 20% 的家庭发生灾难性医疗支出。本书实证部分也发现，当住院花费更高时（当自付医疗支出占家庭人均年收入的比例超过 1.57 时），医保不再发挥保护作用。以上问题的成因主要有以下几点：一是城乡居民医保运行之初，实际报销比例仍旧偏低，与政策范围内报销比例差距依然较大。如潍坊市昌乐县，2018 年二档参保的实际报销比例为 59.19%，一档参保的实际报销比例为 55.93%，远远低于政策范围内 75% 的报销目标。二是报销封顶线依然偏低。医疗保险设置封顶线的目的是增强病人的费用意识、减少医疗资源的浪费、保障统筹基金的承受能力。城乡医保并轨之初，受制于两类基金的筹资能力和资金结余情况，各地封顶线并没有显著提高。如北京市城乡居民医保运行第一年的住院报销封顶线只有 20 万元，只比新农合时期增加了 2 万元。整合后的医保虽然在整体上降低了居民的医疗负担，但是，没有稳定收入来源的农村老年人，特别是靠自身收入支付医药费用的老年人，却成为农村医疗负担最重的一个群体。无论自付医疗费用是多少，农村老人均认为医疗负担沉重，无力支付。

第四，医疗保障水平提高后，改变了农村居民的就医行为。一是自行买药行为增加，一定程度上缓解了有病不及时医治的情况，这一变化主要与医保个人账户资金增加且专款专用有关。二是当病情不太严重时，医保有效减少了患者的住院天数。三是更多农村居民选择到县级及以下卫生机构就诊，到市级、省级医院看病的情况明显减少，基本实现了农村基本医疗保险制度中倡导的"小病不出乡、大病不出县"。根据以上结论，对患者就医行为需求的影响是城乡居民医疗保险降低农村居民医疗负担的重要机制之一。整合后的医保通过压缩不必要的住院时间，引导患者合理选择就诊医院，在一定程度上抑制了小病大治等资源浪费问题，提高了医疗资源和医保基金的使用效率。

但是，也应注意到，农村居民看病就医还存在一些问题。一是医保水平的提高并没有增加农村居民对预防性医疗服务的利用。同时，农村居民既缺乏疾病预防的常识，也缺乏防止疾病复发甚至恶化的意识。例如，对于一年一次的免费健康体检，不少老年人将其视为负担，认为体检耽误时间，万一查出了问题还得自己花钱医治，甚至有老年人坦言，之所以参加体检是碍于村干部的情面。再如，不少农民都患有高血压，采取药物干预的人并不多，按时服药的人更是少之又少。即使农村公共卫生人员反复宣传高盐饮食的危害，很多家庭仍不愿改变饮食习惯。当前，我国农村地区慢性病形势日渐严峻，如果医疗部门不采取有效行动，未来农村居民就医负担将会大幅增加。二是农村医疗机构中供给诱导需求和缺医少药并存，在一定程度上减弱了医保的作用。实证部分发现，一地医生越多，农村居民输液的概率越大，在一定程度上证明了农村医疗机构中存在供给诱导需求。同时，"大检查"问题在县级及以下医院尤为突出，居民普遍认为在县域内的二级医院住院时被施以不必要的大检查。医疗服务的滥用部分抵消了医保的作用，增加了农村居民的医疗负担。在乡镇卫生院等基层医疗机构实施基本药物制度的目的之一是减轻患者用药负担，但是全国固定的药品目录使得乡镇卫生院等农村医疗机构的药品种类极为有限，无法满足全国差异化的用药需求。再加上限量供应，迫使许多本应享受医保门诊报销待遇的居民选择到零售药店买药，增加了居民特别是需长期服药的慢性病患者的医疗负担。

第五，不断改革是农村医疗保险体系永恒的话题。纵观各国的社会医疗保险制度，均是在特定历史条件下形成的，在发展过程中逐渐与各国社会政治制度、经济发展水平、文化传统等相适应，各有特点、自成体系。至今，没有发现哪一种或哪一国的医疗保险制度完美无缺、一劳永逸，所以，不断改革是世界医疗保险体系永恒的话题。随着非全职工作、多职工作、灵活就业等成为我国劳动力市场的新常态，社会医疗保险制度如何巩固和发展成为我国面临的一大挑战。具体到我国农村，随着农业人口不断市民化，居民医保和职工医保之间的接续问题越来越凸显。同时，随着老龄化社会来临，尤其是 8632 万[①]50 岁以上农民工返乡养老，支付风险向农村医保的转移成为农村医疗体系面临的新问题。

第二节　政策建议

医疗卫生改革是世界性的难题，甚至社会医疗保险的发源地德国，也

---

① 中国国家统计局：《2022 年农民工监测调查报告》。

困扰于其医疗卫生体制的低效率和医疗费用的高涨（彼得·欧伯恩德等，2007）。我国通过城乡居民医保并轨在一定程度上减小了农村居民的医疗负担，提高了医疗资源的使用效率。但是，从文中的结论也可以发现，我国医疗卫生体制改革任重道远，无论是与发达国家相比，还是与发展水平相近的发展中国家相比，我国医疗卫生体制改革的步伐都亟须加快。针对本书的发现，具体政策建议如下。

第一，缩小实际报销比例与政策范围内报销比例的差距，逐步实现城乡基本医保的有效整合。

实际报销比例低、与政策范围内报销比例差距大是自新农合建立以来农村基本医疗保险存在的重要问题之一。其表面原因是农村基本医保的筹资标准低导致的保障能力不足，但其深层次的原因在于以县为统筹单位的筹资模式导致医保基金池过小，分散风险能力不足，即农村医保的碎片化分割，不符合医疗保险的大数法则。

自 1998 年建立城镇职工基本医疗保险以来，我国分别于 2003 年和 2007 年建立了覆盖农村人口的新农合和城镇非正式就业人口的城居保。在3 项基本医疗保险和城乡医疗救治"三险一助"制度框架内，基本实现了全民医保。但是 3 种医疗保险分割运行，不但造成经办部门重复建设，形成资源浪费，更造成居民待遇不公。自 2016 年 1 月 12 日国务院印发《关于整合城乡居民基本医疗保险制度的意见》以来，各省份均已完成整合或出台整合方案。"两保"整合后，由于参保人数增加，医保基金池扩大，保障能力提高，城乡居民的医保待遇也随之提高。同时，由于统一经办和管理部门，节约了经办和管理成本。但是，在具体的整合过程中由于缺乏自上而下全面整合城乡基本医保的顶层设计，各地整合陷入"再碎片化"的悖论（孙淑云，2015）。具体表现为：首先，经办管理多元化。已开展整合的地区，其管理机构主要有人力资源和社会保障部直属的医保中心或社会经办中心、卫生部门下属的新农合经办机构或医保中心、人社部门与卫生部门共同管理的经办机构、直属政府的经办机构，其中实行人社部门管理的地区占 91.5%，卫生部门主管的地区占 7.2%。其次，制度设计不统一。实现整合地区的具体制度设计分为一制一档、一制两档、一制三档，参保档次不同，个人缴费不同，医保待遇也不同（仇雨临、吴伟，2016）。这种去碎片化的整合又产生了新的碎片化问题，如制度运行的混乱，管理经办效率降低、不公平等，所以，有效整合的城乡居民基本医疗保险制度应该集政策整合和管理体制于一身。

具体建议为：首先，在实现"两保"整合的地区，应逐渐由一制多档过渡到一制一档。其次，统一管理部门。根据规模效应和社会保险法的法理要求，结合各地的实践，人社部门比其他管理部门在管理居民基本医保上更具有优势，因此，在顶层设计上应明确人社部的管理权。最后，在统一的框架内，以强大的基金池为后盾，提高居民医保待遇，实现实际报销比例与政策范围内报销比例的统一。

第二，减免农村老年人的医保个人缴费或提高其医保待遇或二者兼之。

针对原东欧社会主义国家卫生部门存在的严重问题，科尔奈和翁笙和（2003）对这些国家卫生部门的改革提出了 9 条原则。第二条原则（一致性原则）为帮助受苦的人、困境中的人和处于劣势地位的人。其暗含的基本要求为国家和社会有义务帮助每一个成员获得他们所需的包括医疗需求在内的基本需求。与其他建立适用于不同人群的公共医疗保险制度的国家不同，我国针对城乡居民的基本医疗保险采取"同责同权"原则，即支付相同保费，享受相同待遇。这条看起来既公平又合理的原则其实既不公平也不合理。首先，相同的保费支付并未反映相同的责任，相对于年轻人，老年人的收入更低，定额而不考虑收入水平的保费其实是一种累退的筹资机制。所以，与年轻人相比，老年人承担了更多的筹资责任。其次，相同的医保待遇并未反映不同人群的医疗需求，相较于年轻人，老年人有更高的医疗需求。另外，我国参加职工基本医疗保险的退休老人无须个人支付保费。所以，无论在同一个医疗保险制度内还是在同一个群体内，农村老人的医保义务和权利都不对等，处于绝对劣势地位。无论是本书的实证结果还是实地访谈结果，都认为农村老年居民是医疗负担最重的一个群体。

根据科尔奈和翁笙和的建议，需要改善农村老年人的医疗福利。可以参照美国和日本的做法，建立专门针对老年人的医疗保险，但是在现阶段我国基本医疗保险制度尚处于碎片化的状态下，新保险制度的建立无疑会加重医保制度的碎片化，增加管理难度。因此，目前可行的措施是在既定的医疗保险框架下提高农村老年人的医疗福利。一是可以仿照职工基本医疗保险的做法，对农村老年人免收保费；二是可以在一致缴费的基础上，适当提高老年人的医疗保险待遇，如取消起付线、提高报销比例、提高封顶线或不设封顶线。在地方财力雄厚或居民医保基金结余多的地区，可以同时采取以上两种措施，切实提高老年人的保障水平，降低其医疗负担。

第三，与急性治疗相比，慢性病的预防和治疗应该成为医疗卫生领域关注的焦点。

慢性病已成为发达国家和发展中国家遇到的共同挑战，据《2017 年世界卫生统计》，2015 年全球 70% 的死亡与慢性非传染性疾病有关。在美国 9000 万慢性病患者中，年龄为 45~64 岁的成年人中有 2/3 患有至少 1 种慢性病，而老年人口慢性病患病率则高达 90%；医疗费用中有 86% 需要用于慢性病人（克里斯坦森等，2015）。即使是医疗体系较为发达的欧洲，也困扰于慢性病带来的挑战，死于慢性病的人占欧洲死亡人数的 77%，每年用于治疗慢性病的支出约为 7000 亿欧元，占到欧盟医疗支出的 70%~80%[①]。据《中国居民营养与慢性病状况报告（2015 年）》统计，我国慢性病导致的死亡率高达 86.6%，造成的疾病负担占总疾病负担的 70% 以上。具体到个体层面，慢性病数量每增加 1 种，家庭发生灾难性医疗支出的概率提高 2.1 个百分点。慢性病患者的数量、增长率以及长期的健康维护费用给世界各国带来了巨大的压力，特别是没有足够资源维持如此多慢

---

① 任彦：《头号"杀手"暴露欧盟医保制度弊端》，《人民日报》2015 年 1 月 6 日。

性病病人生命的发展中国家。更为重要的一点是，慢性病患者所依赖的医院是为治疗急性病而建立的，他们通过治疗而非维护健康来赚钱。因此，医疗卫生体制未来关注的重点应由对急症的治疗转向对慢性病的预防和治疗。具体建议如下。

首先，建立守门人制度，采取按人头付费的方式激励医生重视疾病的预防。为了引导患者合理就医，控制医疗费用的不合理上涨，发达国家的医疗体系均建立了守门人制度，并采取按人头付费的方式。"守门人＋按人头付费"的模式可以成功实现让居民少生病、晚生病。因为按人头付费被认为是一种完全供应方费用分担机制，这种激励方式会激励供应方尽量节约成本，如果消费者没有使用任何医疗服务，则医生将获得全部人头费收入，因此，医生有帮助服务对象少生病的动力。在我国现阶段全科医生严重缺乏的背景下，农村地区的村卫生室（社区服务站）或乡镇卫生院可以充当守门人，允许居民在不同医疗机构间自由选择，以保障医疗机构的服务质量。国外的大量实践证明，在整合的医疗服务体系中，按人头付费才是有效率的支付方式，而在碎片化的医疗服务体系中则不尽如人意。对于非整合的医疗系统而言，按人头付费其实是一种零和博弈，即一方的盈利意味着另一方的损失。因此，我国医疗体系进一步改革的方向应是去碎片化，既包括不同功能医疗机构的整合，也包括医疗保险和医疗机构间的整合。

其次，建立适合慢性病的治疗模式。与急症治疗的快捷性相比，慢性病的治疗是一个长期甚至终身的过程，这个过程中需要患者按照医生的建议，坚持治疗并且不断进行行为调整。另外，与急症相比，有些慢性病的疼痛可能并非即时的甚至后果的严重性也不会立即表现出来。因此，慢性病患者的治疗依从性就成为慢性病治疗的最大障碍。互联网的快速发展为慢性病患者坚持治疗提供了新的途径，实践一再证明，群体的力量是伟大的，因此可以借助群体的力量改善单个慢性病患者的健康状况，减少并发症。例如，通过建立慢病患者社交平台、微信群，使患者间可以相互鼓励、相互监督坚持治疗，分享成功的行为方式和慢性病管理经验。

最后，随着慢性病成为主要的疾病类型，我国基本医疗保险作为医疗服务的最大付费方，在医疗资源的配置上亟须发挥引导作用。现行以保治疗为主的偿付模式恰恰是很多慢性病没有得到有效管理，最终导致花费昂贵的并发症出现。医生叮嘱患者按时体检、坚持服药不会得到任何医保收入，而治疗昂贵的并发症却可以得到大笔收入，所以如何让医疗机构从疾病的维护而不是治疗中获益是未来基本医保改革的方向。具体可以剥离现行公立医疗机构的部分资源①，转为市场化运营的、独立法人实体②的慢性病管理机构，以按人头付费的方式支付。或者可以模仿西方发达国家的健康维护组织，医保和医疗合而为一，在共同利益下，医疗机构有动力改善慢性病患者的健康状况，防止并发症的出现。患者的非依从性是慢性病得不到有效控制的另一个重要原因。正如前文所述，在慢性病导致的身体痛苦和经济损失不能即刻显现的条件下，很难想象一个慢性病患者能长时间坚持自我管理③，所以经济约束的效果要比苦口婆心的宣传教育更能立竿见影且长久不衰。本书的建议是对生活习惯不健康、拒绝接受政府组织的免费体检、不遵守规定治疗方案的慢性病患者④征收高保费并适当降低医保补偿待遇。

第四，医疗服务供给方的改革亟须深化。与需求方的改革相比，医疗服务供给方的改革仍旧是我国医疗卫生体制改革的难题，各级医疗机构的过度医疗和基层医疗机构的服务能力不足并存。

本书指出，我国存在过度医疗的原因包括公立医院的垄断地位、政府的不当管制、第三方购买者的职能缺位。其中，后两种原因仅起到推波助

---

① 随着人口老龄化，慢性病患者会增加，急症患者会逐渐减少，现行以急症治疗为主的医疗机构势必存在供给过剩，因此剥离一定资源具有可行性。

② 独立法人实体的意义在于防止与原分离医院的母子共同体关系出现的利益关系。如慢性病管理机构可以牺牲人头费收入帮助母体医疗机构获得治病收入。

③ 例如，Ⅱ型糖尿病患者每天要测血糖、口服降糖药甚至注射胰岛素以维持血糖在正常范围内。

④ 人寿保险能通过区分被保险人的健康状况、吸烟状况进行差异化定价，基本医疗保险做到这些区分也应该不困难。

澜的作用，而公立医院的垄断地位是过度医疗的根源所在。竞争均衡的必要条件之一是参与交易的双方拥有完全的信息，但是医疗市场特有的信息不对称并不满足竞争均衡的条件，所以竞争并不能从根本上解决过度医疗问题。另外，供给诱导需求理论认为当供给的增加影响医生的收入水平时，他们诱导患者需求的行为会被强化（Feldstein，1970；Evans，1974；Fuchs，1978）。因此，引入竞争可能并不是解决过度医疗的良策。

发达国家的成功经验具有一定的借鉴意义。它们的医疗保险机构通过契约的形式向医疗服务提供者购买服务，通过建立激励约束相容机制激励供方主动控制成本。具体为：医保机构与医疗供给方以契约的形式就医疗服务职责和付费规则达成一致意见，医保事先支付费用，医院为参保人提供约定的服务后，"超支自理，结余归己"（顾昕，2012），也就是我们今天所熟知的预付制。该付费方式最先在美国的两大公共医疗保险中采用，后逐渐被大多数实施公共医疗保险的国家所采用（顾昕、袁国栋，2014），现在已成为发达国家控制供给方行为的重要方式。

预付制得以发挥作用的前提是医疗供给方在人、财、物的使用上具有绝对自主权，即医疗供给方能够用低成本替换高成本，如用训练有素的护士代替专科医生，用低价药替代高价药。在我国，公立医院在人、财、物的配置上都没有自主权，卫生行政部门掌管着公立医院的人事编制、基建项目的审批，乃至药品耗材这种本应由医院根据医学科学性自由采购的物资。以药品购销的管制为例，药品加价率管制诱使公立医院采购和使用高价药，而现行的医保预付制要求公立医院压缩成本，主动采用低价药。为掐住医院采购高价药的"脖子"，卫生部门又要求各地以省为单位集中招标采购，按照政策规定，公立医院使用的药品只能在招标范围内，并且必须执行中标价，即医院只能在有限种类的药品中选择，且毫无价格谈判权。所以，现阶段我国解决过度医疗的关键不是照搬照套国外成功的付费改革经验，也不是对现有医疗卫生体制的小修小补，而是釜底抽薪，去除公立医院的行政化，彻底打破公立医院垄断地位赖以存在的根基，然后全面实施预付制，从根本上解决过度医疗问题。

2009 年，国家把"保基本、强基层、建机制"作为基层医疗体制改革的重心。就实际效果而言，基层医疗机构在硬件设施上已取得了很大进步，但是仍旧不能有效吸引居民就医。2016 年 4 月 6 日，国务院常务会议确定了 2016 年深化医疗改革重点，决定要在 70% 以上的地市实行分级诊疗制度，试图通过分级诊疗把患者留在基层，并通过拉开基层医疗机构和医院之间的医保报销差距诱导患者到基层就诊，但收效甚微。无论是强基层还是分级诊疗都要考虑患者就医行为背后的逻辑。随着支付能力的提高和疾病谱的变化[①]，服务质量逐渐成为患者选择就医机构的优先考虑因素。所以，基层医疗机构的问题说到底是人才的问题，如何吸引好医生、留住好医生是基层医疗改革首先需要解决的问题。目前通过行政手段建立的、旨在将优质医疗资源下沉到基层的医联体并不能解决基层医疗机构的人才问题。首先，医联体内的医疗机构具有不同的行政等级，是一种利益格局不同、地位不对等的关系，因此不可能形成真正的医联体。其次，参与构建医联体的上级医院的医生服务周期有限，这会造成医生的短期行为。另外，大医院的专科医生更喜欢频繁使用高技术治疗方案，在提高医疗质量的同时，也消耗了大量资源并提高基础成本。因此，只有在公立医院去行政化的基础上，进一步取消医生事业编制，允许医生自由执业，才有可能解决基层医疗机构的人才问题，从而提高基层医疗机构的服务能力。

---

① 现在大部分门诊疾病是心脑血管疾病、糖尿病等慢性病，这些慢性病的诊断更为复杂，诊断和治疗往往需要更高技术水平的医生。

参考文献

[1] 白重恩，汪德华，张琼.发达市场经济国家医疗体制改革的经验比较 [M].北京：中信出版社，2007.

[2] 彼得·欧伯恩德，托马斯·埃克，于尔根·策尔特，等.卫生经济学与卫生政策 [M].钟诚，冯兴元译.太原：山西经济出版社，2007.

[3] 维克托·R·福克斯.谁将生存？[M].罗汉译.上海：上海人民出版社，2012.

[4] 舍曼·富兰德，艾伦·C·古德曼，迈伦·斯坦诺.卫生经济学 [M].王建，李顺平，孟庆跃等译.北京：中国人民大学出版社，2011.

[5] 顾昕.走向全民医保：中国新医改的战略与战术 [M].北京：中国劳动社会保障出版社，2008.

[6] 科尔奈，翁笙和.转轨中的福利、选择和一致性 [M].罗淑锦译.北京：中信出版社，2003.

[7] 克莱顿·克里斯坦森，杰罗姆·格罗斯曼，黄捷升.创新者的处方 [M].朱恒鹏，张琦译.北京：中国人民大学出版社，2015.

[8] 世界卫生组织.过去重要现在更重要 [R].2008.

[9] 世界卫生组织.2000 年世界卫生报告："卫生系统：改进业绩" [R].2000.

[10] 约瑟夫·E·斯蒂格利茨.公共部门经济学 [M].郭庆旺，杨志勇，刘晓路等译.北京：中国人民大学出版社，1999.

[11] 张琳.我国新型农村合作医疗实施效果的实证研究 [D].山东大学，2013.

[12] 白重恩，李宏彬，吴斌珍.医疗保险与消费：来自新型农村合作医疗的证据 [J].经济研究，2012（2）：41-53.

[13] 陈秋霖，傅虹桥，李玲.医疗保险的全局效应：来自中国全民医保的证据 [J].劳动经济研究，2016（6）：3-21.

[14] 程令国，张晔."新农合"：经济绩效还是健康绩效？[J].经济研究，2012（1）：120-133.

[15] 仇雨临，吴伟.城乡医疗保险制度整合发展：现状、问题与展望 [J].东岳论丛，2016（10）：30-36.

[16] 孟庆跃，卞鹰.理顺医疗服务价格体系：问题、成因和调整方案（上）[J].中国卫生经济，2002，21（5）：31-34.

[17] 丁继红，应美玲，杜在超.我国农村家庭消费行为研究——基于健康风险与医疗保障视角的分析 [J].金融研究，2013（10）：154-166.

[18] 封进，刘芳，陈沁.新型农村合作医疗对县村两级医疗价格的影响 [J].经济研究，2010（11）：127-140.

[19] 封进，宋铮.中国农村医疗保障制度：一项基于异质性个体决策行为的理论研究 [J].经济学（季刊），2007（2）：153-172.

[20] 高梦滔.新型农村合作医疗与农户卫生服务利用 [J].世界经济，2010（10）：79-97.

[21] 高梦滔.新型农村合作医疗与农户储蓄：基于 8 省微观面板数据的经验研究 [J].世界经济，

2010（4）：121-133.

[22] 顾昕.全球性医疗体制改革的大趋势 [J].中国社会科学，2005（6）：121-128.

[23] 顾昕.走向公共契约模式——中国新医改中的医保付费改革 [J].经济社会体制比较，2012（4）：21-31.

[24] 顾昕，袁国栋.从价格管制改革到支付制度改革——美国的经验及其对中国医改的启示 [J].国家行政学院学报，2014（4）：102-106.

[25] 顾昕.社会医疗保险和全民公费医疗：医疗保障制度的国际比较 [J].行政管理改革，2017（12）：63-70.

[26] 关志强，董朝晖.医疗保险制度下个人医疗负担评价方法探讨 [J].中国卫生经济，2004（1）：47-48.

[27] 胡善联，左延莉.中国农村新型合作医疗制度的建立：成绩和挑战 [J].卫生经济研究，2007（11）：3-6.

[28] 黄枫，甘犁.医疗保险中的道德风险研究——基于微观数据的分析 [J].金融研究，2012（5）：193-206.

[29] 黄枫，甘犁.过度需求还是有效需求？——城镇老人健康与医疗保险的实证分析 [J].经济研究，2010（6）：105-119.

[30] 黄晓宁、李勇.新农合对农民医疗负担和健康水平影响的实证分析 [J].农业技术经济，2016（4）：51-58.

[31] 江金启.新农合政策与农村居民的就医地点选择变化 [J].南方经济，2013（2）：56-66.

[32] 金晶.论我国医疗市场的供给诱导需求 [J].时代金融，2011（18）：190-220.

[33] 林闽钢，李楠.我国农村合作医疗的"健康医疗券"研究 [J].农业经济问题，2008（1）：60-65.

[34] 刘国恩、蔡春光、李林.中国老人医疗保障与医疗服务需求的实证分析 [J].经济研究，2011（3）：95-107.

[35] 刘宏，王俊，方海.个人信息认知对医疗保障改革的影响 [J].经济研究，2010（10）：48-62.

[36] 马超，赵广川，顾海.城乡医保一体化制度对农村居民就医行为的影响 [J].统计研究，2016（4）：78-85.

[37] 马双，臧文斌，甘犁.新型农村合作医疗保险对农村居民食物消费的影响分析 [J].经济学（季刊），2011（1）：249-270.

[38] 孟德锋，张兵，王翌秋.新型农村合作医疗对农民卫生服务利用影响的实证研究——以江苏省为例 [J].经济评论，2009（3）：69-76.

[39] 宁满秀.新型农村合作医疗部分负担制度对农户住院层级选择行为的影响研究 [J].农业技术经济，2014（1）：111-119.

[40] 宁满秀，刘进.新型农村合作医疗制度对农户医疗负担的影响——基于供给者诱导需求视角的实证分析 [J].公共管理学报，2014（3）：59-69.

[41] 彭现美.农民参与新型农村合作医疗意愿及影响因素 [J].中国公共卫生，2008（2）：173-174.

[42] 齐良书.新型农村合作医疗的减贫、增收和再分配效果研究 [J].数量经济技术经济研究，2011（8）：35-52.

[43] 沈坤荣，谢勇.不确定性与中国城镇居民储蓄率的实证研究 [J].金融研究，2012（3）：1-13.

[44] 孙梦洁，韩华为.中国农村患者的医疗需求行为研究——来自三省农户调查的实证分析 [J].经

济科学，2013（2）：94-108.

[45] 孙强，左根永，李凯，等 . 实施基本药物制度是否降低了农村居民的医药费用负担：来自安徽三县区的经验 [J]. 中国卫生经济，2012（4）：65-67.

[46] 孙淑云 . 顶层设计城乡医保制度：自上而下有效实施整合 [J]. 中国农村观察，2015（3）：16-23.

[47] 谭晓婷，钟甫宁 . 新型农村合作医疗不同补偿模式的收入分配效应——基于江苏、安徽两省30 县 1500 个农户的实证分析 [J]. 中国农村经济，2010（3）：87-96.

[48] 王俊，昌忠泽，刘宏 . 中国居民卫生医疗需求行为研究 [J]. 经济研究，2008（7）：105-117.

[49] 王曲，刘民权 . 健康的价值及若干决定因素：文献综述 [J]. 经济学（季刊），2005（4）：1-52.

[50] 王文娟，曹向阳 . 增加医疗资源供给能否解决“看病贵”问题？——基于中国省际面板数据的分析 [J]. 管理世界，2016（6）：98-106.

[51] 王翌秋，张兵 . 农村居民就诊单位选择影响因素的实证分析 [J]. 中国农村经济，2009（2）：77-85.

[52] 阎竣，陈玉萍 . 农村老年人多占用医疗资源了吗？——农村医疗费用年龄分布的政策含义 [J]. 管理世界，2010（5）：91-95.

[53] 臧文斌，刘国恩，徐菲，等 . 中国城镇居民基本医疗保险对家庭消费的影响 [J]. 经济研究，2012（7）：75-85.

[54] 张庆国，吴琪 . 整合循规律发展惠民生——山东省城乡居民医疗保险制度整合发展实践与启示 [J]. 中国医疗保险，2017（3）：41-44.

[55] 张翔，冯占春，张亮，等 . 贫困地区乡镇卫生院处方质量分析 [J]. 中国农村卫生事业管理，2003（12）：33-35.

[56] 张仲芳 . 精准扶贫政策背景下医疗保障反贫困研究 [J]. 探索，2017（2）：81-85.

[57] 赵绍阳，臧文斌，尹庆双 . 医疗保障水平的福利效果 [J]. 经济研究，2015（8）：130-145.

[58] 郑功成 . 城乡医保整合态势分析与思考 [J]. 中国医疗保险，2014（2）：8-11.

[59] 周钦，刘国恩 . 健康冲击：现行医疗保险制度究竟发挥了什么作用?[J]. 经济评论，2014（6）：78-90.

[60] 朱恒鹏 . 医疗体制弊端与药品定价扭曲 [J]. 中国社会科学，2007（4）：89-103.

[61] 朱恒鹏 . 还医生以体面：医疗服务走向市场定价 [J]. 财贸经济，2010（3）：123-129.

[62] 朱恒鹏，昝馨，向辉 . 财政补偿体制演变与公立医院去行政化改革 [J]. 经济学动态，2014（12）：61-71.

[63] 朱生伟 . 供给诱导需求：医疗改革中被忽视的问题 [J]. 中南民族大学学报（人文社会科学版），2006（3）：112-115.

[64] Acharya A，Vellakkal S，Taylor F，et al. The Impact of Health Insurance Schemes for the Informal Sector in Low- and Middle-Income Countries：A Systematic Review[J]. The World Bank Research Observer，2013，28（2）：236-266.

[65] Aggarwal A. Impact Evaluation of India's "Yeshasvini" Community-Based Health Insurance Programme[J]. Health Economics，2010，19：5-35.

[66] Altenstetter C，Busse R. Health Care Reform in Germany：Patchwork Change within Established Governance Structures[J]. Journal of Health Politics，Policy and Law，2005，30（1-2）：121-142.

[67] Arrow K J. Uncertainty and the Welfare Economics of Medical Care[J]. The American Economic

Review, 1963, 53（5）: 941-973.

[68] Auster R D, Oaxaca R L. Identification of Supplier Induced Demand in the Health Care Sector[J]. The Journal of Human Resources, 1981, 16（3）: 327-342.

[69] Axelson H, Bales S, Minh P D, et al. Health Financing for the Poor Produces Promising Short-Term Effects on Utilization and Out-Of-Pocket Expenditure: Evidence from Vietnam[J]. International Journal for Equity in Health, 2009, 8: 20.

[70] Ayako Kondo H S. Effects of Universal Health Insurance on Health Care Utilization, and Supply-Side R Esponses Evidence from Japan[J]. Journal of Public Economics, 2013, 99: 1-23.

[71] Babiarz K S, Miller G, Yi H, et al. New Evidence on the Impact of China's New Rural Cooperative Medical Scheme and Its Implications for Rural Primary Healthcare: Multivariate Difference-In-Difference Analysis[J]. British Medical Journal, 2010, 341: 929.

[72] Baicker K, Mullainathan S, Schwartzstein J. Behavioral Hazard in Health Insurance[J]. The Quarterly Journal of Economics, 2015, 130（4）: 1623-1667.

[73] Banerjee A V, Duflo E. The Economic Lives of the Poor[J]. Journal of Economic Perspectives, 2007, 21（1）: 141-167.

[74] Barnes K, Mukherji A, Mullen P, et al. Financial Risk Protection from Social Health Insurance[J]. Journal of Health Economics, 2017（55）: 14-29.

[75] Barofsky J. Estimating the Impact of Health Insurance in Developing Nations: Evidence from Mexico's Seguro Popular, 2011.

[76] Barros R. Efiects of a Health Insurance Program for the Poor in Mexico[J]. Discussion Paper, 2008.

[77] Bitler M P, Gelbach J B, Hoynes H W. What Mean Impacts Miss: Distributional Effects of Welfare Reform Experiments[J]. The American Economic Review, 2006, 96（4）: 988-1012.

[78] Boudreaux M H, Gonzales G, Saloner B. Medical Financial Burden Declined for Consumers in the Nongroup Market[J]. Health Affairs, 2017, 36（5）: 833-837.

[79] Brook R H, Ware J E, Rogers W H, et al. Does Free Care Improve Adults' Health?: Results from a Randomized Controlled Trial[J]. New England Journal of Medicine, 1983, 309（23）: 1426-1434.

[80] Goldberg Z C, Chandra A, Handel B R, et al. What Does a Deductible Do? The Impact of Cost-Sharing on Health Care Prices, Quantities, and Spending Dynamics[J]. Quarterly Journal of Economics, 2017, 33（4）: 1261-1318.

[81] Brown P H, Theoharides C. Health-Seeking Behavior and Hospital Choice in China's New Cooperative Medical[J]. Health Economics, 2009（18）: 47-64.

[82] Bundorf M K. Consumer-Directed Health Plans: A Review of the Evidence[J]. Journal of Risk and Insurance, 2016, 83（1）: 9-41.

[83] Cai W W, Marks J S, Chen C H, et al. Increased Cesarean Section Rates and Emerging Patterns of Health Insurance in Shanghai, China[J]. American Journal of Public Health, 1998, 88（5）: 777-780.

[84] Card D, Dobkin C, Maestas N. The Impact of Nearly Universal Insurance Coverage on Health Care Utilization: Evidence from Medicare[J]. The American Economic Review, 2008, 98（5）: 2242-2258.

[85] Chang S. The Effect of Taiwan's National Health Insurance on Mortality of the Elderly: Revisited[J].

Health Economics, 2012, 21 (11): 1257-1270.

[86] Chen L, Chen C, Yang W. The influences of Taiwan's National Health Insurance on Women's Choice of Prenatal Care Facility: Investigation of Differences between Rural and Non-rural Areas[J]. BMC Health Services Research, 2008, 8 (1): 67.

[87] Chen L, Yip W, Chang M, et al. The effects of Taiwan's National Health Insurance on Access and Health Status of the Elderly[J]. Health Economics, 2007, 16 (3): 223-242.

[88] Cheng L, Liu H, Zhang Y, et al. The Impact of Health Insurance on Health Outcomes and Spending of the Elderly: Evidence from China's New Cooperative Medical Scheme[J]. Health Economics, 2015, 24 (6): 672-691.

[89] Cheng S H, Chiang T L. The Effect of Universal Health Insurance on Health Care Utilization in Taiwan. Results from a Natural Experiment[J]. Journal of the American Medical Association, 1997, 278 (2): 89.

[90] Chernozhukov V, Hong H. Three-step Censored Quantile Regression and Extramarital Affair[J]. Journal of the American Statistical Association, 2002, 97 (459): 872.

[91] Currie J. The Take Up of Social Benefits[J]. NBER Working Paper Series, 2004: 104-188.

[92] Meza D. Health Insurance and the Demand for Medical Care[J]. Journal of Health Economics, 1983, 2: 47-54.

[93] Dong H, Bogg L, Wang K, et al. A Description of Outpatient Drug Use in Rural China: Evidence of Differences Due to Insurance Coverage[J]. International Journal of Health Planning and Management, 1999, 14 (1): 41-56.

[94] Duan N, Jr W G M, Morris C N, et al. A Comparison of Alternative Models for the Demand forMedical Care[J]. Journal of Business & Economic Statistics, 1983, 2 (1): 115-126.

[95] Duan N, Manning W G, Morris C N, et al. Choosing between the Sample-Selection Model and the Multi-Part Model[J]. Journal of Business and Economic Statistics, 1984, 2 (3): 283-289.

[96] Engelhardt G V, Gruber J. Medicare Part D and the Financial Protection of the Elderly[J]. American Economic Journal, 2011, 3 (4): 77-102.

[97] Evans R G. Supplier-Induced Demand: Some Empirical Evidence and implication[J]. The Economics of Health and Medical Care, 1974: 162-173.

[98] Fan V Y, Karan A, Mahal A. State Health Insurance and Out-Of-Pocket Health Expenditures in Andhra Pradesh, India[J]. International Journal of Health Care Finance and Economics, 2012, 12(3): 189-215.

[99] Feldman R, Dowd B. A New Estimate of the Welfare Loss of Excess Health Insurance[J]. The American Economic Review, 1991, 81 (1): 297-301.

[100] Feldstein M S. The Welfare Loss of Excess Health Insurance[J]. The Journal of Political Economy, 1973, 81 (2): 251-280.

[101] Feldstein M S. The Rising Price of Physician's Services[J]. The Review of Economics and Statistics, 1970, 52 (2): 121-133.

[102] Finkelstein A. The Aggregate Effects of Health Insurance Evidence from the Introduction of Medicare[J]. The Quarterly Journal of Economics, 2007.

[103] Finkelstein A, Group O H S. The Oregon Health Insurance Experiment: Evidence from the First

Year[J]. Quarterly Journal of Economics, 2012, 127 (3): 1057-1106.

[104] Finkelstein A, McKnight R. What Did Medicare Do? The Initial Impact of Medicare on Mortality and Out of Pocket Medical Spending[J]. Journal of Public Economics, 2008, 92 (7): 1644-1668.

[105] Freedman S, Lin H, Simon K. Public Health Insurance Expansions and Hospital Technology Adoption[J]. Journal of Public Economics, 2015, 121: 117-131.

[106] Friedman M, Savage L. The Utility Analysis of Choices Involving Risk[J]. Journal of Political Economy, 1948, 56: 279-304.

[107] Fuchs V R. The Supply of Surgeons and The Demand for Operations[J]. The Journal of Human Resources, 1978, 13: 35-56.

[108] Galarraga O, Sosa-Rubi S G, Salinas-Rodriguez A, et al. Health Insurance for the Poor: Impact on Catastrophic and Out-Of-Pocket Health Expenditures in Mexico[J]. The European Journal of Health Economics, 2010, 11 (5): 437-447.

[109] Gertler P, Gruber J. Insuring Consumption Against Illness[J]. The American Economic Review, 2002, 92 (1): 51-70.

[110] Getzen T E. Health Care Is An Individual Necessity and A National Luxury: Applying Multilevel Decision Models to the Analysis of Health Care Expenditures[J]. Journal of Health Economics, 2000, 19 (2): 259-270.

[111] Ghosh S. Publicly-Financed Health Insurance for the Poor: Understanding RSBY in Maharashtra[J]. Economic & Political Weekly, 2014, 46 (20): 56-63.

[112] Giedion U, Uribe M V. Colombia's Universal Health Insurance System[J]. Health Affairs, 2009, 28 (3): 853-863.

[113] Gouda H N, Hodge A, Bermejo R R, et al. The Impact of Healthcare Insurance on the Utilisation of Facility-Based Delivery for Childbirth in the Philippines[J]. PLoS One, 2016.

[114] Green J. Physician-Induced Demand for Medical Care[J]. The Journal of Human Resources, 1978, 13: 21-34.

[115] Grogger J, Arnold T, Leon A S, et al. Heterogeneity in the Effect Of Public Health Insurance on Catastrophic Out-Of-Pocket Health Expenditures: the Case Of Mexico[J]. Health Policy and Planning, 2015, 30 (5): 593-599.

[116] Grossman M. On the Concept of Health Capital and the Demand for Health[J]. The Journal of Political Economy, 1972, 80 (2): 223-255.

[117] Gruber J, Owings M. Physician Financial Incentives and Cesarean Section Delivery[J]. The Rand Journal of Economics, 1996, 27 (1): 99-123.

[118] Gupta I, Chowdhury S, Trivedi M, et al. Do Health Coverage Schemes Ensure Financial Protection from Hospitalization Expenses? Evidence from Eight Districts in India[J]. Journal of Social and Economic Development, 2017, 19 (1): 83-93.

[119] Haviland A M, Eisenberg M D, Mehrotra A, et al. Do "Consumer-Directed" Health Plans Bend the Cost Curve Over Time?[J]. Journal of Health Economics, 2016, 46: 33-51.

[120] Heckman J J. Sample Selection Bias as a Specification Error[J]. Econometrica, 1979, 47 (1): 153-161.

[121] Hou Z, Van de Poel E, Van Doorslaer E, et al. Effects of NCMS on Access to Care and Financial

Protection in China[J]. Health Economics，2014，23（8）：917-934.

[122] Jowett M，Contoyannis P，Vinh N D. The Impact of Public Voluntary Health Insurance on Private Health Expenditures in Vietnam [J]. Social Science & Medicine，2003，56（2）：333-342.

[123] Karan A，Yip W，Mahal A. Extending Health Insurance to the Poor in India：An Impact Evaluation of Rashtriya Swasthya Bima Yojana on Out Of Pocket Spending for Healthcare[J]. Social Science & Medicine，2017，181：83-92.

[124] Keane M，Stavrunova O. Adverse Selection，Moral Hazard and the Demand for Medigap Insurance[J]. Journal of Econometrics，2016，190（1）：62-78.

[125] Keeler E B，Rolph J E. The Demand for Episodes of Treatment in the Health Insurance Experiment[J]. Journal of Health Economics，1988：337-367.

[126] Khwaja A W. A Life Cycle Analysis of the Effects of Medicare on Individual Health Incentives and on Health Outcomes[J]. Journal of Econometrics，2006.

[127] King G，Gakidou E，Imai K，et al. Public Policy For The Poor? A Randomised Assessment of the Mexican Universal Health Insurance Programme[J]. Lancet，2009，373：1447-1454.

[128] Koenker R，Gilbert Bassett J. Regression quantiles[J]. Econometrica，1978，46（1）：33-50.

[129] Lagrada T S L. Payments for Health Care and Its Effect on Catastrophe and Impoverishment：Experience from the Transition to Universal Coverage in Thailand[J]. Social Science & Medicine，2008，67（12）：2027-2035.

[130] Lees D S，Rice R G. Uncertainty and the Welfare Economics of Medical Care：Comment[J]. The American Economic Review，1965，55（2）：140-154.

[131] Lei X，Lin W. The New Cooperative Medical Scheme in Rural China：Does More Coverage Mean More Service and Better Health?[J]. Health Economics，2009，18（2）：25-46.

[132] Liang X，Jin C，Wang L，et al. Unnecessary Use of Antibiotics for Inpatient Children with Pneumonia in Two Counties of Rural China[J]. International Journal of Clinical Pharmacy，2011，33（5）：750-754.

[133] Limwattananon S，Tangcharoensathien V，Prakongsai P. Catastrophic and Poverty Impacts of Health Payments：Results from National Household Surveys in Thailand[J]. Bull World Health Organ，2007，85（8）：600-606.

[134] Limwattananon S，Neelsen S，O'Donnell O，et al. Universal Coverage with Supply-Side Reform：The Impact on Medical Expenditure Risk And Utilization in Thailand[J]. Journal of Public Economics，2015，121：79-94.

[135] Liu H，Zhao Z. Does Health Insurance Matter? Evidence from China's Urban Resident Basic Medical Insurance[J]. Journal of Comparative Economics，2014，42（4）：1007-1020.

[136] Liu X，Mills A. Evaluating Payment Mechanisms：How Can We Measure Unnecessary Care?[J]. Health Policy Plan，1999，14（4）：409-413.

[137] Lo Sasso A T，Helmchen L A，Kaestner R. The Effects of Consumer-Directed Health Plans on Health Care Spending[J]. Journal of Risk and Insurance，2010，77（1）：85-103.

[138] Lu F. Insurance Coverage and Agency Problems in Doctor Prescriptions：Evidence from a Field Experiment in China[J]. Journal of Development Economics，2014，106：156-167.

[139] Manning W G，Marquis M S. Health Insurance：the Tradeoff Between Risk Pooling and Moral

Hazard[J]. Journal of Health Economics, 1996, 15（5）: 609-639.

[140] Manning W G, Newhouse J P, Duan N, et al. Health Insurance and the Demand for Medical Care: Evidence from a Randomized Experiment[J]. The American Economic Review, 1987, 77（3）: 251-277.

[141] Mcguire T G. Physician Agency[M]. 2000.

[142] McGuire T G, Pauly M V. Physician Response to Fee Changes with Multiple Payers[J]. Journal of Health Economics, 1991, 10（4）: 385-410.

[143] Meara E, White C, Cutler D M. Trends in Medical Spending by Age, 1963-2000[J]. Health Affairs（Project Hope）, 2004, 23（4）: 176-183.

[144] Miller G, Pinto D, Vera-Hernandez M. Risk Protection, Service Use, and Health Outcomes under Colombia's Health Insurance Program for the Poor[J]. American EconomicJournal. Applied Economics, 2013, 5（4）: 61-91.

[145] Mullahy J. Specification and Testing of Some Modified Count Data Models[J]. Journal of Econometrics, 1986, 33（3）: 341-365.

[146] Nassiri A, Rochaix L. Revisiting Physicians' Financial Incentives in Quebec: a Panel System Approach[J]. Health Economics, 2006, 15（1）: 49-64.

[147] Neelsen S, O'Donnell O. Progressive Universalism? The Impact of Targeted Coverage on Health Care Access and Expenditures in Peru: Impacts of Targeted Health Coverage in Peru[J]. Health Economics, 2017.

[148] Nguyen B T, Lo S A. The Effect of Universal Health Insurance for Children in Vietnam[J]. Health Econ Policy Law, 2017: 1-16.

[149] Nketiah-Amponsah E, Arthur E. Choice of Delivery Facility among Expectant Mothers in Ghana: Does Access to Health Insurance Matter?[J]. Journal of Health Management, 2013, 15（4）: 509-524.

[150] Noelia Bernal M. The Effects of Access to Health InsuranceEvidence from a Regression Discontinuity Design in Peru[J]. Journal of Public Economic, 2017.

[151] Nyman J A. Is "Moral Hazard" Inefficient? The Policy Implications of A New Theory[J]. Health Affairs, 2004, 23（5）: 194-199.

[152] Nyman J A. The Value of Health Insurance: the Access Motive[J]. Journal of Health Economics, 1999, 18（2）: 141-152.

[153] Nyman J A. The Economics of Moral Hazard Revisited[J]. Journal of Health Economics, 1999, 18（6）: 811-824.

[154] Oxley H, Docteur E. Health-Care Systems: Lessons from the Reform Experience[R]. Paris: OECD Publishing, 2003.

[155] Parente S T, Salkever D S, DaVanzo J. The Role of Consumer Knowledge of Insurance Benefits in the Demand for Preventive Health Care Among the Elderly[J]. Health Economics, 2005, 14（1）: 25-38.

[156] Paul Gertler O S. Who Benefits from Social Health Insurance Evidence from the Philippines. 2002.

[157] Pauly M V. The Economics of Moral Hazard: Comment[J]. The American Economic Review, 1968, 58（3）: 531-537.

[158] Pauly M V. Physicians as Agents[M]. University of Chicago Press, 1980.

[159] Pohlmeier W，Ulrich V. An Econometric Model of the Two-Part Decisionmaking Process in the Demand for Health Care[J]. The Journal of Human Resources，1995，30（2）：339-361.

[160] Powell J L. Censored Regression Quantiles[J]. Journal of Econometrics，1986，32（1）．

[161] Quast T，Sappington D，Shenkman E. Does the Quality of Care in Medicaid Mcos Vary with the Form of Physician Compensation?[J]. Health Economics，2008，17（4）：545-550.

[162] Rao M，Katyal A，Singh P V，et al. Changes in Addressing Inequalities in Access to Hospital Care In Andhra Pradesh and Maharashtra States of India：A Difference-In-Differences Study Using Repeated Cross-Sectional Surveys[J]. BMJ Open，2014，4（6）：4471.

[163] Rice T H. The Impact of Changing Medicare Reimbursement Rates on Physician-Induced Demand[J]. Medical Care，1983，21（8）：803-815.

[164] Rizzo J A，Zeckhauser R J. Reference Incomes，Loss Aversion，and Physician Behavior[J]. Review of Economics and Statistics，2003，85（4）：909-922.

[165] Roemer M I. Bed supply and hospital utilization：a natural experiment[J]. Hospitals，1961，35（1）：36-42.

[166] Rosett R N，Huang L. The Effect of Health Insurance on the Demand for Medical Care[J]. Journal of Political Economy，1973，81（2）：281-305.

[167] Scott J. Seguro Popular Incidence Analysis[R]. Washington DC：World Bank，2006.

[168] Sepehri A，Sarma S，Simpson W. Does Non-Profit Health Insurance Reduce Financial Burden? Evidence from the Vietnam Living Standards Survey Panel[J]. Health Economics，2006，15（6）：603-616.

[169] Sepehri A，Vu C，Le T T. User Fees，Financial Autonomy and Access to Social Services in Vietnam . United Nations Discussion Paper，2005.

[170] Shain M，Roemer M I. Hospital Costs Relate to the supply of beds[J]. Journal of Occupational and Environmental Medicine，1959，1（9）：519.

[171] Shi W，Chongsuvivatwong V，Geater A，et al. The Influence of the Rural Health Security Schemes on Health Utilization and Household Impoverishment in Rural China：Data from a Household Survey of Western and Central China[J]. International Journal for Equity in Health，2010，9（1）：7.

[172] Shigeoka H. The Effect of Patient Cost-sharing on Utilization，Health and Risk Protection：Evidence from Japan[J]. The American Economic Review，2014，104（7）：2152-2184.

[173] Shigeoka H，Fushimi K. Supplier-Induced Demand for Newborn Treatment：Evidence from Japan[J]. Journal of Health Economics，2014，35：162-178.

[174] Sood N，Bendavid E，Mukherji A，et al. Government Health Insurance for People Below Poverty Line in India：Quasi-Experimental Evaluation of Insurance and Health Outcomes[J]. BMJ，2014，349：5114.

[175] Stano M. A Further Analysis of the Physician Inducement Controversy[J]. Journal of Health Eonomics，1987，6（3）：228-237.

[176] Strauss J，Thomas D. Health，Nutrition，and Economic Development[J]. Journal of Economic Literature，1998，36（2）：766.

[177] Sun X，Jackson S，Carmichael G A，et al. Prescribing Behaviour of Village Doctors Under China's

New Cooperative Medical Scheme[J]. Social Science & Medicine，2009，68（10）：1775-1779.

[178] Tobe M，Stickley A，Del Rosario R B，et al. Out-of-Pocket Medical Expenses for Inpatient Care among Beneficiaries of the National Health Insurance Program in the Philippines[J]. Health Policy and Planning，2013，28（5）：536-548.

[179] Tobin J. On Limiting the Domain of Inequality[J]. The Journal of Law & Economics，1970，13（2）：263-277.

[180] Valdez R B，Brook R H，Rogers W H，et al. Consequences of Cost-Sharing for Children's Health[J]. Pediatrics，1985，75（5）：952.

[181] Wagstaff A. Estimating Health Insurance Impacts under Unobserved Heterogeneity：The Case of Vietnam's Health Care Fund for the Poor[J]. Health Economics，2010，19（2）：189-208.

[182] Wagstaff A. Social Health Insurance Reexamined[J]. Health Economics，2010，19（5）：503-517.

[183] Wagstaff A，Lindelow M. Can Insurance Increase Financial Risk? The Curious Case of Health Insurance in China[J]. Journal of Health Economics，2008，27（4）：990-1005.

[184] Wagstaff A，Lindelow M，Jun G，et al. Extending Health Insurance to the Rural Population：An Impact Evaluation of China's New Cooperative Medical Scheme[J]. Journal of Health Economics，2009，28（1）：1-19.

[185] Wang H，Yip W，Zhang L，et al. Community-Based Health Insurance in Poor Rural China：the Distribution of Net Benefits[J]. Health Policy and Planning，2005，20（6）：366-374.

[186] Wang H，Gu D，Dupre M E. Factors Associated with Enrollment，Satisfaction，and Sustainability of the New Cooperative Medical Scheme program in Six Study Areas in rural Beijing[J]. Health Policy，2008，85（1）：32-44.

[187] WHO. Health Systems Financing-the Path to Universal Coverage：World health report 2010[R]. Geneva：WHO，2010.

[188] Wirtz V J，Santa-Ana-Tellez Y，Servan-Mori E，et al. Heterogeneous Effects of Health Insurance on Out-Of-Pocket Expenditure on Medicines in Mexico[J]. Value in Health，2012，15（5）：593-603.

[189] Xu K，Evans D B，Carrin G，et al. Protecting Households From Catastrophic Health Spending[J]. Health Affairs，2007，26（4）：972-983.

[190] Xu K，Evans D B，Kawabata K，et al. Household Catastrophic Health Expenditure：A Multicountry Analysis[J]. Lancet，2003，362：111-117.

[191] Yi H，Zhang L，Singer K，et al. Health Insurance and Catastrophic Illness：A Report on the New Cooperative Medical System in Rural China[J]. Health Economics，2009，18（2）：119-127.

[192] Yip W C. Physician Esponse to Medicare Fee Reductions：Changes in the Volume of Coronary Artery Bypass Graft（CABG）Surgeries in the Medicare and Private Sectors[J]. Journal of Health Economics，1998，17（6）：675-699.

[193] Yip W，Hsiao W C. Non-Evidence-Based Policy：How Effective Is China's New Cooperative Medical Scheme in Reducing Medical Impoverishment?[J]. Social Science & Medicine，2009，68（2）：201-209.

[194] Zweifel P，Manning W G. Chapter8 Moral Hazard and Consumer Incentives in Health care [M]. Amsterdam：Elsevier，2000.